Seadove

Seadove

Seadove

只有無法改變的窮腦袋，沒有無法改變的窮口袋

窮人與富人的距離0.05mm

窮人
脫胎換骨
發展委員會

富人
俱樂部
招考辦公室

年度暢銷作家**張禮文**／著

窮人和富人最大的距離就是

富人允許自己的口袋空，但是不允許自己的腦袋空；
窮人允許自己的腦袋空，但是不允許自己的口袋空。

窮人說： 我曾經沒有錢，也曾經有過很多錢，但到最後我還是沒有錢，因為我就是一個窮人，我與富人有0.05mm的距離。

富人說： 財富是屬於你的，也是屬於我的，但最終還是屬於我的，因為我就是一個富人，我與窮人有0.05mm的距離。

暢銷經典版

前言

窮人和富人，在骨子裡就根本不同，而不僅僅是穿什麼樣的衣服，吃什麼飯，住什麼的房子，坐什麼樣的車。

富人和窮人最大的區別，就在於選擇上。富人往往選擇最好的，做最好的選擇。有時他的選擇看起來不近情理，有時他的選擇看起來不可思議。

真正的窮人和真正的富人，應該和擁有多少財富是沒有多大關係的。因為財富乃是一個人的身外之物，可以隨時得到，也可以隨時失去。一個人，可以從貧窮變成富有，也可以從富有變成貧窮。所以，他們之間真正的區別應該在於如何發現財富、創造財富和駕馭財富。

窮人和富人，在兒時，就會表現出極大的差距，當然這種差距不能用金錢來衡量。窮人與富人兒時的差距存在於他們的意志品質、感知能力和對時代的親和力上。長大以後成為富人的孩子與長大以後成為窮人的孩子在這方面的反差是相當明顯的。

在同一個時代，在同樣的歷史背景下，有的人財運亨通、飛黃騰達，有的人則是食不果腹、朝不保夕。誰都不願意作窮人，可是天下仍然有許多窮人。窮人為了變成富人，可謂朝思暮想，百覓千求。窮人和富人的距離其實並不遙遠，也許是幾年，也許是幾十年。然而就是這麼長的距離，有的人卻丈量了一輩子。

天下還有許多赤貧者，他們由於各種原因，使自己和家人一直生活在為生存忙碌的軌道上。終日奔波，一刻不得閒，然而收穫甚微。他們是別人眼裡的窮人，過苦日子的窮人。窮人貧窮總是有各種各樣的理由，也會有許許多多的埋怨，但有一條理由不要被忘記，那就是誰也沒有理由貧窮。

沒有一個窮人不想成為富人。擁有財富的人，永遠是窮人的榜樣，富人的口袋裡裝著窮人夢寐以求的東西。

但是，很多窮人只能看到富人口袋裡的東西，而看不到富人腦袋裡的東西。其實，富人和窮人都一樣，都是什麼樣的腦袋決定自己有什麼樣的口袋，或者說你腦袋裝多少東西，那麼你的口袋就能裝多少東西。

請永遠記住：「只有無法改變的窮腦袋，沒有無法改變的窮口袋！」

目錄

第二章　信用無價：從窮人到富人的身分證

第三章　審時度勢：從窮人到富人的駕駛證

第六章 經營細節：從窮人到富人的工作證

第七章　超前規劃：從窮人到富人的通行證

第八章　野心勃勃：從窮人到富人的出生證

很多窮人只能看到富人口袋裡的東西，而看不到富人腦袋裡的東西。其實富人和窮人都一樣，都是什麼樣的腦袋決定自己有什麼樣的口袋，或者說你腦袋裝多少東西，那麼你的口袋就能裝多少東西。

第一章：一切可行

（從窮人到富人的許可證）

窮人和富人，在骨子裡就根本不同，而不僅僅是穿什麼樣的衣服，吃什麼飯，住什麼的房子，坐什麼樣的車。

富人和窮人最大的區別，就在於選擇上。富人往往選擇最好的，做最好的選擇。有時他的選擇看起來不近情理，有時他的選擇看起來不可思議。

其實，人生就是選擇的結果，命運就是選擇的結果。

窮人的選擇，就是所有普通人都能做出的選擇，也是最容易的選擇。他的選擇在當時看來是聰明的、現實的，但對他的人生來說，卻是錯誤的。

有一個真正的富人，他就是選擇的高手，他的人生每一步選擇幾乎都準確無誤，也都與眾不同。

這個人，十四歲時可能是世界華人中最窮的，而在他六十歲的時候，就是世界華人中最富的。

六十年，是一個既漫長又短暫的時間距離，無論是好是壞，每個人都能走過來。李嘉誠就是用六十年時間，用他的腳步，為所有人丈量了從窮人到富人的距離。

窮人學習為了飯碗
富人學習為了力量

香港首富李嘉誠，一九二八年七月十九日出生在廣東省潮州市北門街麵線巷的一座古宅裡。李嘉誠出身於書香世家，從小刻苦學習，國學扎實，深厚的學識素養造就了他一生的優秀品德。

李嘉誠的祖父原為中原人士，因災荒而遷至福建莆田，後又因戰火連綿不斷，而由世祖李明山帶領全家遷至粵東潮州海陽縣，定居於潮州城內北門街麵線巷。從此李氏家庭與大批因戰亂而南遷的中原人一起成了潮州各部落、各家族中的一支。

李氏家族可以說是書香世家，李嘉誠的曾祖父李鵬萬曾經是清朝每十二年選拔一次的文官八貢之一，一時傳為佳話。李氏祖居門前用於插貢旗的碑座，就是歷史的見證。因其家庭人士治學風氣甚濃，知書識禮，學問淵博，在鄉村之中頗有名望，頗受村民尊重，故地位極高。

李嘉誠的父親李雲經是一位飽學之士，在父親的影響下，李嘉誠三歲就能詠《三字經》、

《千家詩》，五歲時祭孔聖人，進潮州北門觀海寺小學讀書。

李嘉誠從小就酷愛讀書，一有時間就獨自躲在書房裡，如癡如醉地看書，海闊天空地去思考問題。即使有很多書他不能看懂或是似懂非懂，但他仍能憑藉自己的天賦和聰慧努力去領悟，從中學到了很多東西。

無論是什麼樣的富人，只要他是真正的富人，那麼這個人肯定是一個善於思考的人。思考，對富人來說，是一種習慣，是一種樂趣，更是一種財富。

思考，應該是來自自己透過觀察後的領悟和總結，也正是透過思考，對全局和細節有了更深刻的認識，得出自己最佳的判斷。

真正的富人，往往都有他過人之處，給人的感覺就是他的目光銳利，判斷準確。這些，都來自他的思考。不善於思考的人，永遠跟在別人的後面，也就永遠落後於人，也就永遠成不了真正的富人。

窮人，只要是真正的窮人，他是不會思考的，他不僅不去思考別人為什麼能變成富人，更不會去思考自己為什麼是一個窮人。他把自己的窮，都簡單地歸咎於社會和他人，與自己一點關係都沒有。

窮人肯於付出自己的力氣，但他不捨得動自己的大腦，他認為思考是一件很痛苦的事情，或者是自己不能做的事情。窮人因為不善於思考，所以就不能做出改變。

思考，是一種習慣。既然是習慣，就不是一天兩天就能養成的，而是在經過自己的成長與成熟，經過對社會和世界的認知和感悟，而慢慢培養起來的好習慣。

愛思考的人不一定是一個富人，但富人一定是一個善於思考的人。因為思考是讓一切做出改變的開始，也只有透過思考，才可以讓一切改變。

思考，是一種習慣，更是一種力量。

一九三九年六月，日本帝國主義的鐵蹄開始踐踏這片寧靜的土地。不論白天還是黑夜，日本的飛機都對潮州地區狂轟濫炸，寧和而美麗的潮州成了一片廢墟。李嘉誠一家在父親李雲經的帶領下，冒著隨時可能喪命的危險，歷盡千辛萬苦，輾轉到了香港。

在父親的影響下，李嘉誠從小接受的就是傳統文化教育，學三字經，尊孔夫子。可是自從到了香港，滿腹經綸的李雲經看清了在香港這個商業社會中世態炎涼，人情冷漠，拜金主義盛行，錢財成了衡量一個人價值的唯一標準。

李雲經認識到以前對李嘉誠的那套教育理論是完全不適應香港社會現實的，於是他果斷地把李嘉誠從象牙塔裡拉出來，不再以古代聖賢的言行風範教育兒子，也不再按四書五經的理論要求兒子。李雲經要求李嘉誠「學做香港人」，進而適應並融入香港社會。

父親認為兒子要想真正地融入香港這片土地，就得先過語言這一關。如果連語言這一關都過不了，在香港生活、生存都是問題，更不用說什麼做大事立大業了。過香港的語言這一關就是要會熟練地講廣東話和英語。

李嘉誠生長在潮州，只會說潮州話，潮州話屬閩南方言。香港的大眾語言是廣東話，廣東話屬粵方言，與閩南方言彼此互不相通。可是在香港不會說廣東話幾乎寸步難行，所以是一定要學的。另外，英語是香港的官方語言，這是一種非常重要的溝通工具，也不容忽視。

當然，年幼的李嘉誠不明白父親的良苦用心，但他認識到，想繼續留在香港，就必須要適應香港社會，學說廣東話和英語。這兩種語言對李嘉誠來說是完全陌生的，想學會可想而知存在著多麼大的困難，但也要知難而進啊！

皇天不負有心人，李嘉誠經過幾年的苦心學習，終於熟練地掌握了廣東話和英語這兩門語言，這使得他在日後的商戰風雲中受益匪淺。

語言和經商絕對不是風馬牛不相及的。試想，如果李嘉誠不懂廣東話，不要說難以在商場自由馳騁，就是生存品質也要大打折扣，賺錢又從何談起呢？

英語更給李嘉誠帶來了無法估量的巨大財富，長江塑膠廠的創業便充分地說明了這一點。那時李嘉誠完全是憑藉著一口流利的英語與外商進行商務洽談的，進而為長江塑膠廠贏得了不少客戶，接收了不少訂單，把李嘉誠推上了世界上屈指可數的「塑膠花大王」的寶座。至於說後來李嘉誠所經營的跨國規模商務，更是無一離得開英語。

再退一步想，如果說李嘉誠自始至終都不懂廣東話和英語，只會說潮州話，那麼他的商業活動是根本無法達到今日的輝煌的，而只會局限於潮州籍的商人們，就是他同樣也取得了成績，那有限的成功，是無法與現在相比的。

想要獲得就必須要付出。李嘉誠煞費苦心學習廣東話和英語，讓自己適應了香港社會，進而為日後事業的發展產生了不可估量的作用。

李嘉誠是一個真正的富人，那麼他就具有真正富人的特點——愛學習。學習他所需要的技能和本領，就是真正富人的特點。

富人愛學習，不是盲目地愛，也不是盲目地學。他到什麼時候都知道自己應該學什麼，學這些東西幹什麼用。比如實現自己目標所需要的知識、本領和技能。

富人學東西，都是為自己學，都是主動地學，哪怕是學的東西當時看起來可有可無。無論所學的東西如何地難以掌握，他都把這件事當成快樂，還能發現掌握知識與技能的竅門。

富人無論選擇學什麼，都是用心來學，能掌握所學知識與技能的精髓，並能達到學以致用，而且能舉一反三，活學活用。他能把所學的東西變成改變自己命運的力量，變成自己真正的財富。

有的窮人是不愛學習的，他們只能掌握生存必要的技能，或者接受祖宗遺傳下來的、落後的生存哲學和生存理念。他們不知道那些東西對自己有害還是有益，只知道繼承而不知道發展。

窮人把學習當成苦差事。當然，窮人是最能吃苦的，但他們只能吃透支體力之苦，決受不了由學習而帶來的枯燥之苦。他們能吃得被別人盤剝欺詐之苦，但吃不了為奪回別人手中的皮鞭而進行修鍊之苦。

有的窮人也愛學習，他們願意學習對自己沒用的東西。他們之所以學，是因為別人在學，或者是大家都在學。他永遠不知道自己為什麼要學這些東西，學這東西自己做什麼用。他們甚至愛學有害的東西，比如吃喝嫖賭。他們只學富人的生活方式，但不學富人的生存方法。

窮人學的東西永遠是百無一用的。因為窮人的習慣是見到佛才準備供品，也就是說，他們真正想學的時候，那是因為他們看見所學的東西能給自己帶來眼前利益，所以就盲目地學，學其皮毛而不學其精髓，學其形式而不學其根本。

因為不是有準備有目的而學，而是不切合實際地學，所以學的東西往往是用不上的。學，只能給窮人帶來時間、金錢和精力的浪費，甚至是傷害。

窮人把責任當作累贅
富人把責任看作動力

由於長年勞累、貧困、憂憤，父親李雲經不幸染上了肺病，於一九四三年冬天離開了這個動盪紛亂的世界。李雲經知道未成年的李嘉誠在未來更需要依靠親朋好友的幫助，但同時他也不希望兒子抱有太重的依賴心理。所以在臨終時給李嘉誠留下了這樣的遺言：貧窮志不移，做人需骨氣，求人不如求己；吃得苦中苦，方為人上人；不義富且貴，於我如浮雲；失意不灰心，得意莫忘形。

李雲經去世的那一年，李嘉誠才十四歲。十四歲還只能說是一個孩子，是該享受著父母無盡的呵護、疼愛，腦子裡充滿天真爛漫想法的美好時代。可是李嘉誠卻不同，父親早逝，弟妹年齡尚小，而母親又是一個柔弱的家庭主婦。

「各家自掃門前雪，哪管他人瓦上霜。」一面對著世態炎涼人情冷暖的社會，父親臨終前的遺訓和強烈的家庭責任感，使年僅十四歲的李嘉誠毅然決然地選擇了承擔本不是他這個年齡能承擔的責任和義務——輟學養家糊口。

李嘉誠謝絕了舅父莊靜庵想繼續資助他念中學的好意。因為他非常清楚，自己面對的不是求學的問題，而是比求學更重要的求生問題。身為長子，他知道自己只有輟學，才能找到一份職業，才能賺到錢，也只有賺到了錢，才能養活自己的母親和弟妹。

李嘉誠特別想繼續學業，而舅父也應允資助他，到最後他為什麼還是輟學呢？在這裡就出現了一個責任感的問題。父親李雲經去世以後，李嘉誠就成了家中的小小男子漢。他覺得自己應該頂替父親支撐這個家，這既是對母親和弟妹負責，同時也是對自己負責。

一個人一旦有了責任感，也便有了使命感，在這兩者的支持和驅使下，人往往能夠生出一股力量朝著想要實現的目標努力。這其中可能會經歷許多挫折、痛苦和磨難，但一想到要盡一份責任，也就顯得無所畏懼了。李嘉誠正是肩負著這樣的一份責任，明知輟學後的種種艱辛，但還是毅然決然地邁入了社會，開始接受痛苦和磨難的洗禮。

真正的富人，是有責任感的。大到對社會的責任，小到對自己和家人。因為明白自己的責任所在，所以對自己人生的每一步都會有仔細的考慮，不計較個人的一點得失，也不計較個人一時的成敗。

也正是因為責任，富人在什麼時候也不會選擇放棄，也不為自己的弱勢尋找任何藉口。他無論在什麼情況下，都會積極主動地尋找解決問題的辦法，不說苦，也不說累，總是以飽滿的態度面對人生旅途上的每一個「不」。

富人，**把責任看作是使自己前進的動力，而不是包袱**。只要是在這個世界上生活的人，就要扮演一定的社會角色，就一定會有社會和家庭賦予這個人的責任，這是任何人都無法逃避的。

富人，在任何時候，無論自己的身體如何，壓力怎樣，都會很樂觀地面對與應對，不會有絲毫的抱怨。

責任也是富人為人處世的尺規。有這把尺存在，就知道什麼事情應該做，什麼事情不應該做。真正能做到君子愛財，取之有道。

窮人認為，一個人如若有了責任感，想對自己或他人負責，那麼他一定會活得很累。相反的沒有責任一身輕的人，活得可能就很自在。但不可忽略的是，這種自在是暫時的，是需要付出代價的，並且可能是很沉重、慘痛的代價。因一時的痛快、愉悅而荒廢了自己的生活，留下永遠也揮之不去的痛苦和陰影，這責任卸得就好像有點得不償失。

窮人因為害怕要負責任，所以對自己要做的一件事情就多方位、多角度地來考慮，瞻前顧後，患得患失，這樣必定要受到許多框架的約束，最後還是選擇了不求有功，但求無過。他們寧可選擇毫無出路的老路，也不選擇帶有責任的新路，結果就是在老路上窮死、餓死。

窮人因為沒有責任感，寧可重複也不去改變。時代在改變，如果不能適應時代的改變而做出改變，就是最大限度的不負責。對窮人自己而言，是一種慢性自殺；對社會而言，則是一種累贅。

窮人也正是沒有責任感，總是毫無原則地做一些事情，殺雞取卵，去傷害他們賴以生存的自然環境和社會環境，最終他們不僅要遭到懲罰，輸得一無所有，甚至賠上自家的性命。

窮人靠斷自己的脊樑
富人走出自己的前途

把該背負的責任背負起來。背負著責任感，李嘉誠一步步地走向了自己輝煌的事業。要想成為真正富人的年輕人，也應該把責任放在心上，背在肩上。不要看別人怎麼樣，就是為了對自己負責，也不能逃避自己應該承擔的責任。

「天將降大任於斯人也，必先苦其心志，勞其筋骨，餓其體膚，空乏其身，行弗亂其所為，所以動心忍性，曾益其所不能。」

李嘉誠自小跟隨父親學習傳統文化，對古代聖賢的箴言早就熟記在心。父親逝世後，他擔起家庭重擔，開始獨立謀生，這些話更成為他時時鼓勵自己努力前進的動力。歷經千辛萬苦卻敗而不餒，最後終於走向輝煌的成功。

「香港少寒冬，亦有冷死麻雀凍死翁。」

一九四三年，也就是李嘉誠命運發生大轉折這一年的冬天，是香港少有的寒冬。北國的風，翻越南嶺，掠過珠江平原，直撲香港。日本侵佔香港時期，本就蕭條的市景，因寒冷，街上的行人更加稀落。

在這樣的日子裡，李嘉誠跟隨著母親莊氏沿街挨門挨鋪地尋找工作，可他們這樣整整找了一天，還是一無所獲。

夜幕早已降臨，整座城市籠罩在一片燈火之中，泛出一絲絲暖意。從街邊的酒樓飯鋪裡，不時地飄過來一陣又一陣的酒飯香。李嘉誠餓了一整天的腸胃在飯菜香的刺激下一陣陣地痙攣。早上他們吃的是菜葉煮稀飯，這僅有的一點食物所產生的能量早已在行走中消耗殆盡，現在餓得已是前心貼後背了。

母親莊氏看著幼小的兒子實在心疼，想要去給他買一些吃的，但被李嘉誠堅決地拒絕了。李嘉誠非常清楚他們的處境，更知道現實的殘酷。母親身上只有幾塊錢，如果用來買吃的，而他的工作又沒有著落，那麼全家人可能就連一日兩頓的稀飯都吃不起了。

饑寒交迫，李嘉誠慘白的臉堅定的眼神深深地震撼著母親的心，她抑制不住奪眶而出的淚水，稍稍偏過了頭。

母子二人步履蹣跚地回到家裡，李嘉誠躺到床上就再也不想動一動了，他累得連一點力氣也沒有了。而母親則把在路上撿回來的爛菜葉用水洗淨，開始生火煮粥了。

第二天天剛亮，李嘉誠又開始外出找工作了。但這一次是獨自一人，他實在不忍心讓母親再陪著他去吃那份辛苦了。

李嘉誠靠一雙腳走遍了香港的大街小巷，走過了每一個鋪子，但仍舊是求職無門，雙腳走出的水泡破了又長，長了又破，結了厚厚的一層老繭，白眼冷語更是挫傷了他年少的自尊。十四歲的李嘉誠初涉社會，就遭受到了太多的辛苦和委屈。

他的舅父是香港的富商，他若進了舅父的公司，不僅不會再吃苦受累，招人白眼，而且家庭生活也還可以得到改善。可李嘉誠拒絕了，他只有一個信念，那就是要自己找工作。這個獨立的信念戰勝了人性的依賴，這不是一般人可以做得到的。李嘉誠以超出常人的魄力超越常理，可見與眾不同，這與他日後的成功是息息相關的。

可以設想一下，如果當初李嘉誠義無反顧地進了舅父的公司，那麼若干年以後，他會是什麼樣子呢？誰也不能說他不可能成功，但可以肯定的是他的成功是有限的，是無法與今日相比的。他可能是一個高級白領階級，做個部門主管，也可能是某家公司的總經理，但絕對不是個人擁有資產達一二六億美元，位列世界富豪第十八位的香港首富和亞洲首富。

接受磨練，接受打擊，養成堅強的獨立精神和奮鬥力量，這樣才可能走向成功。

母親莊氏也好，舅父莊靜庵也罷，他們無一不心疼李嘉誠小小年紀就要經受這樣的苦難，但看到李嘉誠有如此自強自立的思想，又無一不感到欣慰。他們最後決定同意李嘉誠自己出去找工作，但規定了限期，如果三天以後還是沒有找到，就去舅父的公司工作。

終於皇天不負有心人，在第二天的下午，李嘉誠就在西營盤的春茗茶樓找到了一份工作，從此開始了他的工作生涯。

窮人和富人的區別就在於，窮人的依賴性很強，而富人的獨立性很強。這在窮人和富人一無所有的時候表現得更加明顯了。

窮人常掛在嘴邊上的一句話就是：在家靠父母，出外靠朋友。一個簡單的靠字，就永遠改變不了窮人窮的命運。

等，只能是錯過了大好時機，等來的是慘遭淘汰；靠，靠斷了自己本來很硬的脊樑，靠壞了年久失修的椅背；要，習慣了要飯的人就會忘掉種糧食，忘記做飯的方式方法，最後也就要了自己的命。

富人在什麼時候都是很獨立的，那是因為他們不想把自己的命運讓別人來把握，自己就是自己命運的主宰。他們知道，如果自己不能揮鞭策馬前行，那麼別人的鞭子就會抽在自己的脊背上。

富人因為獨立而主動，主動就能發現和獲得自己「想吃的東西」。自己做出來的東西，永遠都是衛生的，新鮮的，而且營養豐富，也就不會得佝僂病和貧血，使自己永遠都富有戰鬥力。

窮人習慣依賴，也習慣把自己的獲得建立在別人的恩賜與施捨之上，把自己的命運改變完全寄託於他人的喜怒哀樂之間，看著他人的臉色決定自己的行動。因此，窮人永遠處於被動的位置，所得無論多少，都是他人的百分之幾、千分之幾而已。

窮人只能從別人的飯碗裡討飯吃，所以得到的東西都是別人吃剩下的東西，或者別人遺棄的東西。這些東西肯定沒有什麼營養可言，吃了以後不但得病，還有可能患不治之症。

窮人看不到希望就放棄
富人看不到希望就準備

大凡有志之人，無論年長還是年幼，只要心裡一旦有了宏偉的目標，就會有永不枯竭的動力和永不氣餒的行動。年少的李嘉誠雖地位卑下，但骨子裡卻有一股不屈不撓的傲氣，他渴望出人頭地，幹出一番大事業來。

在殘酷生計的逼迫下，李嘉誠十四歲輟學回家，然後步入社會，這實在是情非得已。李嘉誠渴望讀書，並且透過現實逐漸地認識到沒有知識，是很難做成大事業的。

李嘉誠有非常強烈的求知欲望，但卻為沒有錢買學習教材而發愁。歷經千辛萬苦，當時李嘉誠憑藉著自己堅強的毅力和韌性，已經在香港西營盤的春茗茶樓找到了一份工作。可在茶樓裡，李嘉誠的職業卻是地位最低的堂倌，每個月的工資相當微薄，除了要維持一家人的生活外，還要給弟妹們交學費，根本沒有錢買書。李嘉誠希望弟妹不要像自己一樣因生活所迫而過早地輟學打工，而且希望他們能夠順利地完成該完成的所有學業。

後來，李嘉誠想到了一個好辦法，就是購買舊教材。當時有許多中學，將用過的舊課本都當廢品賣掉或是當垃圾扔掉，於是有的書店就專門做舊書生意。李嘉誠只要花一點點錢，就可以買來舊教材，學完以後再把它賣給舊書店，用得來的錢再買別的舊教材。這樣，既學到了知識，又省了錢，實在是一舉兩得。

就這樣，李嘉誠積極地想辦法擠時間，學到了許多知識，進而充實和裝備了自己。另外李嘉誠也沒有忘記父親在世時要他學好廣東話和英語，以便更好地立足香港社會。李嘉誠在茶樓裡時常利用短暫的空閒時間來默記英語單字。他怕遭到茶客的恥笑和老闆的訓斥，總是靠在牆角，迅速地拿出早已準備好的長紙片看一眼，進而堅持學完了初中的課程。

李嘉誠除了購買舊課本進行自學，掌握一些文化知識外，也不忘在生活中時時汲取有用的東西為己所用。李嘉誠工作的茶樓是一個濃縮的小社會，三教九流無所不有。聽茶客們談古論今，散布各種消息，李嘉誠從中瞭解了社會和世界的許多事情。有不少事情，是在家庭在學校從未聽過的，有不少說法，也與父親和老師灌輸給的那一套理論大相徑庭，相差甚遠。李嘉誠的思維不再單純得像一張白紙，他發現原來世界是這麼錯綜複雜，異彩紛呈。

然而，李嘉誠並沒有在這紛紜變幻的世界裡迷失自己，他在要求自己努力做好每一件事的同時，又額外增加了兩門必修課：

第一，時時揣摩茶客的籍貫、年齡、職業、財富、性格，然後找機會驗證；第二，揣摩顧客的消費心理，既真誠待人又投其所好，讓顧客在高興之餘掏腰包。對每一個常到茶樓的顧客，李嘉誠都做到了心中有數，對他們的消費需要和消費習慣更是瞭若指掌。比如誰愛吃鹹，誰愛吃甜，誰愛吃魚，誰愛吃蝦，誰愛喝什麼茶，什麼時刻該給哪位顧客上什麼，提供什麼樣的服務，李嘉誠都一清二楚。

李嘉誠做堂倌，不僅讓顧客滿意，同時也為茶樓賺了不少錢，老闆自然也樂在其中。李嘉誠成了茶樓裡加薪最快的堂倌，取得了相當可觀的收入，進而使家庭生活得到了很大的改善，然而這還不是最重要的。在茶樓裡工作，非常能鍛鍊人解讀社會的能力。首先每天工作十五個小時以上鍛鍊了李嘉誠的意志和毅力，長時間的跑堂又奠定了李嘉誠日後當推銷員的腳力基礎。茶樓是一個生意資訊場所，從茶客們的口中，李嘉誠學到了許多做生意的訣竅，又自覺養成了觀察人心理和見機行事的習慣，為李嘉誠日後的成功打下了堅實的基礎。

這些統統都是實力的累積。李嘉誠只有小學學歷，但他的學識卻非常高，其原因就全在於他平日的認真學習、觀察和思考，然後一點點地沉澱而成。每一個窮人變成一個富人，不是什麼偶然；每一個有錢有勢力的人，變成徹底的窮人，肯定是個必然。

由窮人變成富人，可能有很長的路要走，但所需的時間可能是幾年，十幾年，這樣看來又是很短。同樣是一條路，每個人的走法不一樣；同樣是一天的時間，每個人度過的方式也不一樣。也正是每一步的走法不一樣，每一天的收穫也不一樣，也就決定了最終的結果肯定不同，那麼，人也就有了窮人和富人之分。

富人在貧窮的時候，不會信命，不會隨波逐流，他隨時隨地都在為自己成為一個真正的富人做準備。他用眼去觀察，用大腦去思考，用心去感悟，用腳去實踐。

成事在天，謀事在人，凡事只要用心去做，總會得到一些經驗，學到一些東西，把知識變成學識，把學識變成本事，把本事變成能力，各種能力的綜合，也就自然形成了所謂的實力。

實力的形成不是一朝一夕就可以完成的事，它是一點一滴，由少至多累積起來的。「冰凍三尺非一日之寒」，想一口吃成個胖子，可能會被噎死。而且實力的累積也是一個無窮無盡無休無止的過程，就某種程度而言，它還是一個不知不覺的過程，只有當你用到它的時候，才能知道它的寶貴。當一個人的實力累積到一定程度，他就具備了成功的基礎。

富人在逆境之中，不會因為環境於己不利，希望於己渺茫，條件於己艱苦而放棄做準備。他們總是能想出辦法、創造出條件去學習，去思考，去行動。

窮人在一無所有的時候，往往會心安理得地受窮。他不僅對自己說，也對別人說：人之命，天註定，胡思亂想沒有用。他認為，一切都是命運一切都是天意誰也逃不離。在希望渺茫的時候，他就認為再多努力也無助，於是就坐下來不再前進。窮人最大的悲劇在於，當看不到結果的時候，就放棄。在他們眼裡，到處都是對己不利的「不」，而且到處追問為什麼自己會有那些「不」。當找不到那些「不」存在的答案時，就認為自己是一個窮人很正常，一輩子受窮也正常。其實，世界上的每一個人，在他的一生當中，都會遇到很多「不」。每一個「不」的到來，對人來講，都是一場災難，難以接受的災難。那些「不」的出現，有時沒有任何徵兆，也沒有任何理由。這個時候，你問一千個一萬個為什麼也沒有用，因為很多「不」對你來說，就沒有為什麼。是「不」選擇了你，而不是你選擇了「不」。

窮人也想讓自己立即變成富人，但他們卻從不為自己變成一個富人做準備，而是一成不變地保持窮人的活法。他們知道自己沒能力，卻不願一點一滴地學習知識，掌握技能，把知識逐漸地變成學識，把學識變成本事，把本事變成能力，再把能力變成實力。

窮人認為要把自己變成一個富人需要幾年，甚至十幾年的時間，這時間對他來說有點漫長，而且就算自己去努力，自己也不定就能變成富人。面對渺茫的結果，他們不捨得付出，也不願付出。然而可悲的是，無論你努力或者付出與否，幾年、十幾年的時間都會以同樣的速度從你身邊流走。自己不去改變，那麼自己永遠就是窮人，這是肯定的。如果自己創造條件去奮鬥，那麼就有百分之五十的可能變成一個富人，這也是肯定的。

窮人把一個行業做砸才跳槽
富人把一個行業做透才跳槽

李嘉誠在茶樓做了一年多的堂倌，後來覺得繼續工作下去出息不大，沒有太大發展餘地，於是進了舅父莊靜庵的鐘錶行。茶樓給李嘉誠提供了很好的鍛鍊機會，使得他在其中學到了很多東西。這時候的李嘉誠已經有了一些實力，所以進入鐘錶行從學徒開始，李嘉誠一步步地往上攀升，改變了自己不幸的命運軌跡。

李嘉誠在舅父莊靜庵的中南鐘錶公司裡，從一個泡茶掃地的小學徒，慢慢地升到公司屬下的高升街鐘錶店的店員。

作為鐘錶店裡年齡最小的員工，李嘉誠沒有只顧做好自己的本職工作，而是像一個老闆那樣關注著鐘錶業市場的變化。

在工作了一段時間以後，十七歲的李嘉誠毅然地辭別舅父，想到別的地方去發展。臨走時，他把自己對鐘錶行業的構想向舅舅說了。

他說，瑞士的機械錶生產技術已經無法超越，日本人也搶先開發了電子石英錶的新領域。這樣，世界上的鐘錶業已經形成了這樣的格局：高檔錶市場為瑞士人獨霸，中檔錶市場也被日本人佔有。但是，在中低檔錶業目前還是一個空白，他建議舅舅趕快在這個領域跑馬圈地。

事實也正如李嘉誠預料的那樣，香港最後真的以物美價廉的中低檔錶，滿足了生活水準處於中下階層人的需要，與瑞士、日本瓜分了世界高、中、低檔鐘錶市場，形成三足鼎立之勢。

李嘉誠到一家五金製造廠做推銷員，但他也沒有只顧著賣他的產品。在他看到五金業沒有太大的發展空間的時候，還是對五金業形成了自己獨特的見解，但是固執的老闆就是沒聽。後來在五金業山窮水盡的時候，已經離開五金業的李嘉誠還是給以前的老闆開出了市場良方，挽救了那位五金廠的老闆。

李嘉誠見塑膠行業開始蓬勃發展，也認為從事塑膠業會有更好的前景，所以他就離開了幹得很不錯的五金業，來到一家塑膠廠，開始了他的推銷生涯。

當今世界上有很多傑出的企業家都從事過推銷工作，這是一項十分複雜而且不容易掌握的工作。從事推銷工作時，首先要對自己充滿信心，而且還要對所推銷的商品非常熟悉，盡最大努力，設法讓客戶感到你的商品是廉價而且優秀的。

李嘉誠最初做推銷員，在向顧客推銷產品之前，心情總是十分緊張，他要在出門之前或是在路上就把想要說的話想好，反覆練習，以便克服心理上的緊張。後來慢慢地習慣了以後，李嘉誠發現他在茶樓工作時所練就的觀察能力和分析能力十分適合於做推銷員，他總是能很快地看出客戶是什麼類型的人以及他的心理和性格，進而制定自己相應的推銷策略。

李嘉誠不喜歡高談闊論，他從事推銷工作有兩個特點：一是勤勞，二是創新。憑藉著這兩點，他很快就成了全公司推銷隊伍中的佼佼者。十八歲就做了部門經理，兩年後又被提升為塑膠帶製造公司的總經理。

雖然他當上了總經理，但他明白，自己對塑膠的生產和管理是一竅不通的，可以說是極為陌生的。

面對自己在這個行業裡的薄弱環節，李嘉誠不僅不迴避，而且還親自到工廠和工人一道，在一起摸爬滾打，很快就掌握了塑膠生產的專業知識，成了塑膠業生產銷售的行家。

幾年的推銷生活，使李嘉誠獲得了不小的成功，不僅初步形成了他的商業頭腦，豐富了他的商業知識，而且還使他結識了許多朋友，教會了他各式各樣的社會知識，同時使他學會了寬厚待人，誠實處世的人生哲學。這為他日後的發展，打下了非常堅固的基礎。

李嘉誠到現在也承認，那段人生經歷，使他得到了很好的鍛鍊，尤其是做推銷員所學到的東西，明白的事理，是他今天花十億甚至是一百億也買不到的。

年紀輕輕的李嘉誠，在自己的勤奮努力之下，短時間內就成了塑膠公司的骨幹力量，成了塑膠廠不可或缺的人物。在同齡人當中，成績出眾，收入也高，已經是打工者中的成功人士了。

儘管他的收入在當時的香港打工者之中是很高的，但他還是很節儉。他從來就不以任何理由去亂花錢，外出從來就吃大眾餐，也不買一件高檔次的衣服。他把自己賺來的錢，除了留下自己日常必須的開銷，全部交給母親。李母也是相當節儉的人，一分一文地存下了一筆錢。

然而李嘉誠並沒有滿足，沒有就此止步。凡是做出大事業，有大成就的人都是不容易滿足的人，如果他們那麼容易滿足所取得的一點點小成就，那麼肯定就不會再有以後的大成功了。他們正是不容易滿足，所以才在不滿足的激勵下去爭取某種東西而使自己獲得滿足。

李嘉誠知道自己雖然有了一點成功，但卻只是一名高級上班族。他所做的一切都是為公司董事長服務的，生意好也罷，不好也罷，除了他所拿的薪水有些差別外，一切都和他沒有什麼太大的關係，這使得十分渴望向社會證明自身價值的李嘉誠下定決心要自己創業。

窮人跳槽，富人也跳槽，但二者的目的和動機是不同的。

窮人跳槽，有以下幾點原因：一、窮人認為自己的待遇和自己的付出不符，公司不能給自己相應的回報，不能滿足自己的物質要求；二、自己覺得幹不了這個工作。具體來說不是幹不了，而是看一眼沒有想辦法沒有努力就覺得自己不成；三、自己不能適應工作環境，確切地說是工作環境和自己要求的不一樣，自己感到處處不如意。

富人跳槽，有以下幾點原因：一、把一個行業弄明白了，覺得這個行業沒什麼前景，自己做得再好，也不會有什麼發展前途，除了錢也沒什麼大的收穫；二、公司給的空間有限，不能施展自己的才華和能力。到另一個公司有更大的舞台，更能發揮自己的能力；三、是為了更有利於自己創業。出現了適合自己去做的事業，但自己又不怎麼明白，認為只有深入到這個行業裡弄個明白，才是自己的工作目的所在。

總之，窮人跳槽大多是為了收入，為了自己的口袋；富人跳槽大多是為了收穫，為了自己的腦袋。

窮人跳槽，是因為在一個行業把自己做死了才跳槽，或者是把自己變成了袋鼠，跳成了習慣，值得也跳，不值得也跳。窮人跳槽，是越跳越窮，既學不到技能也賺不到錢，浪費的是自己的精力和青春。

富人跳槽，是因為把一個行業做透了才跳，他的跳槽是有針對性，而不是盲目地跳槽，往往是選擇最好的，做最好的選擇之後的決定。他的每一次跳槽，都是自己人生的一次飛躍。

窮人做一行，因為自己懶惰，不追求上進，不善於思考，墨守成規，所以做多久都是一樣，都不可能在某個行業做出什麼特殊的成績，等待的僅僅是慘遭淘汰的結果。

富人做一行，都能把這一行做精做透，成為這個行業裡的行家裡手，不但短時間就能掌握這個行業所需的專業技能，而且從這個行業裡能感悟到許多行業共同的東西，能建立起龐大的關係體系，使其成為他做任何行業的財富。

在等長的生命旅途之中，在相似的時代背景之下，富人總是比窮人做了更多有益於自己有益於社會的事情。窮人做的事情，也就是富人的幾十分之一、幾百分之一。富人喜歡做事，把做事看作是一種幸福、一種快樂，所以富人在做事的過程中，就會不斷地獲得快樂幸福和財富。窮人不願意做事，把做事看作是一種負擔和不幸，他們渴望財富卻又整天遊手好閒無所事事，他們在等待財富到來，但等來的不是自己想要的財富，而是一種懶惰、失望和麻木。

一個富人說：勤勞一天，這一夜就可以睡得香甜；勤勞一個月，就可以感受到生活蒸蒸日上；一年，兩年，十年……這樣勤勞一生，你就會得到令世人稱道的巨大發展。只要勤勞，就能比懶漢多做幾十倍的事情，自然你的人生就比那些懶漢充實幾百倍。換句話說，你的人生價值相當於那些人的幾十倍，幾百倍。

窮人等待機會 富人製造機會

一九五〇年，李嘉誠籌措了五萬港元，創辦了長江塑膠廠，專門生產塑膠玩具和簡單日用品，開始了他實現一個真正富人的創業之路。在世界上走每一條路都不可能是一帆風順的。但真正的富人總能挽狂瀾於即倒，扶大廈之將傾。每一次危機，都能給富人帶來很大的麻煩，很大的創傷，但富人總是用自己的智慧，把危機變成機會，再一次使自己強大。

在最初的一段時期，李嘉誠憑著自己的商業頭腦、商業知識以及「待人以誠，執事以信」的商業準則做了幾筆生意，發了幾筆小財。可是連做夢都想不到的是，李嘉誠在初嘗成功的喜悅後，緊接著的就是滅頂之災。

由於在開始時產品供不應求，一時間擴張得很快。但是因為設備落後，工人技術跟不上，導致產品品質出了問題。客戶不但拒收產品，而且還要李嘉誠的工廠賠償損失。

倉庫裡堆滿了品質欠佳或者是延誤交貨時間被退回的產品，辦公室裡整天不斷有來索賠的客戶、追貨款的原料商、銀行催繳貸款的人。因為開工不定期，員工面臨辭退。遭辭退的人整天在辦公室裡鬧著不走，整個工廠和辦公室被鬧得雞犬不寧。工作的工人也是神不守舍，不能專心工作。工廠到了關門倒閉、慘遭清盤的邊緣。

李嘉誠面對如此窘境，認為自己的慘狀全是由於自己一時不慎造成的，自己應該承擔全部責任。於是他果斷地採用了四步措施：

一是先穩定員工的情緒，自己攬下一切責任，承認自己經營管理上犯了錯誤，承諾不論在什麼情況下，他也不會犧牲員工的利益，希望大家能攜手渡過難關。

二是一一拜訪銀行、客戶、原料商，向他們承認自己的錯誤，請求放寬追款的期限，並承諾在期限內一定償還所有欠款，罰金也會不差一分一厘地如數奉還。李嘉誠把自己廠裡所遇到的困難毫不掩飾地和盤托出，真誠地請求大家為他出謀劃策。他的真誠得到了大家的諒解，也看到只有幫助他才是最好的選擇。

三是立即處理庫房裡的積壓產品，選好棄劣，集中力量推銷，使資金迅速回籠，分頭償還一部分貸款。

四是利用緩衝的時間，對工人進行技術培訓，同時添置先進的生產設備，對產品的品質做到有保障。

就這樣，經過努力，李嘉誠一步一步地走出了逆境。到一九五五年，他的工廠出現了轉機，進入了產銷兩旺的黃金時段。

就在李嘉誠的事業剛剛步入正軌的時候，又遭到同行的暗算。同行雇用一些人到他的長江廠拍照，把破爛的廠房和一些負面的東西拍下來發表在報紙上，意圖是想讓李嘉誠的客戶對他失去信心，讓李嘉誠名譽掃地，讓發展勢頭很猛的長江廠再度瀕臨絕境。

在這個關鍵時刻，李嘉誠沒有去咒罵那些居心不良的同行，也沒有刻意去掩飾自己的不足，而是坦誠地對自己的客戶說：「他們說的是事實，我們尚在創業階段，廠房比較破舊。但是，請你們看看我們的產品，我相信品質可以證明一切。我歡迎你們到我們廠裡實地考察，滿意了，再向我們訂購產品。」

李嘉誠坦誠的態度，不但沒有給對手什麼機會，還感動了他的客戶，被他大度的胸懷和優質的產品所折服，更加佩服他的商業道德，於是紛紛到他的廠裡參觀定貨，長江廠的生意比以前更加興隆了。

長江廠從起死回生，到再次飛速發展，李嘉誠沒有被眼前的繁榮所蒙蔽，他知道隨著更多同行的加入，在有限的市場裡這樣的繁榮不會持續很長的時間。如果就這樣一成不變地維持下去，自己和香港的同行們不會有更好的出路。

一天晚上，李嘉誠翻閱最新版的《塑膠》雜誌時，看到一則有關義大利一家公司用塑膠原料設計製造的塑膠花即將熱銷美國市場的消息。

透過這個消息，李嘉誠馬上聯想到在和平年代，人們在物質生活有了保證以後，一定會注重精神生活的追求。種植花卉等植物，要澆水、鬆土、除草、施肥，這與當時時間永遠不夠的人們的生活很不協調。

如果生產大量的塑膠花，不僅達到了物美價廉的目的，還能更好地美化生活。想到這裡，李嘉誠興奮地預測到，一個塑膠花的黃金時代就要到來了。

看到了機會，富人是不會等待的，李嘉誠也一樣，他不會因為目前市場上還沒有人做，自己沒有生產塑膠花的技術而觀望，而是徹底行動起來。

一九五七年，李嘉誠飛到了義大利，來到了生產塑膠花的廠家考察。他是以香港經銷商的身分去的，所以也就受到了廠家的熱情接待，拿到了產品，也初步瞭解了一些關於塑膠花的知識。但是李嘉誠知道，僅僅靠這些，回去是無法生產的，因為他還不知道具體的生產工藝及配方調色到底是怎麼回事。

要弄明白這些，一是要購買人家的專利，但是憑藉他的實力和塑膠花在市場上的熱賣，顯然是不可行的。看來他也只有走進人家的生產工廠，自己進行實地瞭解了。

李嘉誠就以應聘的辦法進廠裡當了一名下等工，在工廠裡幹一些雜活，一邊盡心盡力地幹好活，一邊仔細地觀察塑膠花生產的每一個細節，下班後回去認真地記錄歸納。

他還想辦法接近廠裡的技術工人，虛心地向他們請教生產塑膠花的技術。這樣，他在很短的時間內就領悟了製造和配色的技術。

回到香港後，李嘉誠就把生產塑膠花作為工廠的主攻方向，並藉此把長江廠推到一個更高的層次上去。

有了目標，李嘉誠說做就做，四處找人才，並重金聘用。人才找到以後，並為他們確定研究目標，要研發適應消費者喜歡的塑膠花。

經過仔細的分析和市場的研究調查，最後確定一批樣本作為首次開發的產品。第一批產品上市了，這些產品是市場上沒有出現過的產品，可以把這些塑膠花的價格定得很高，以謀取更大的利益，物以稀為貴嘛！但是，李嘉誠經過精心的成本核算之後，知道如果大量地生產這樣的塑膠花，成本不會很高，他就把產品的價格定在大眾消費者都能接受的水準上。這樣，他的產品就在香港熱銷起來。

塑膠花在香港成了緊俏產品，同時也使長江塑膠廠成了香港家喻戶曉的廠家。李嘉誠居安思危，決定擴大長江廠的規模，增添新設備，改進原有的生產條件。

長江廠的塑膠花在香港獲得成功之後，李嘉誠又把目光轉移到世界上最大的消費市場——歐美市場上去。

由於當時香港的很多產品銷往外地，都要經過中間商，也就是當時的洋行這個環節，很多產品都得由洋行代理才能從香港走出去。李嘉誠知道這樣做，雖然廠家省去好多麻煩，但是，廠家就往往受到洋行的制約，而且還減少了自己的利潤。

為此，李嘉誠兩面出擊，一方面派出得力的業務人員直接去歐美開發市場，另一方面，對來港的歐美批發商搶先接待溝通合作。

經過這樣不懈的努力，李嘉誠擺脫了當地的洋行，自己能直接從歐洲批銷商那裡拿到訂單。

李嘉誠不斷地推出新的產品打入國際市場，但是，他畢竟要受到自己的生產規模和周轉資金有限所限制，他也不敢盲目地擴大自己的生產規模，他必須要等待更好的時機。

一位歐洲批發商來到李嘉誠的工廠參觀之後，對他的產品讚不絕口，還流露出他想訂購三種產品的意向，但對他的生產規模不是很滿意。那個歐洲商人對李嘉誠說，我們之間的合作沒有問題，但是你們的資金規模有限，由於我們的需求量很大，那麼你必須找到一家實力雄厚的大公司做你的資金擔保。

李嘉誠沒有找任何藉口強留這個銷售網路遍及西歐、北歐，也就是他夢寐以求的歐洲主要市場的批銷商。憑藉李嘉誠當時在香港商界的實力，他根本無法找到這個批銷商所要求的擔保人。

這個批銷商的到來，是李嘉誠打開歐洲市場的絕佳機會，他不想把到手的機會就這樣不甘心地丟掉，於是他就想出了一個辦法。

李嘉誠和設計師們經過一夜的努力，把那個批銷商欲購的產品樣品搞了出來，第二天他就把三種九款樣品送到批銷商的手裡，希望能透過優質的產品讓批銷商放寬合作的條件，雙方共同尋找合作的辦法。如果實在不成，就把樣品送給他，爭取給下一次合作創造機會。

一夜之間就能讓批銷商看到自己不經意之間流露出來意向的產品，而且樣品不僅款式多，樣子也別具一格。這使批銷商非常欣賞李嘉誠的辦事作風和效率，也明白李嘉誠對合作是非常有誠意的。

李嘉誠坦誠地告訴對方，自己找不到他們所要求的擔保公司，儘管自己的公司目前還達不到對方所要求的條件，但他會盡最大的努力擴大生產規模，並保證以香港最優惠的價格與對方合作。

歐洲批銷商被李嘉誠的真誠所感動，他相信了這個年輕人所說的話，很快就與李嘉誠簽訂了第一份合約，並且破例提出一次就付清貨款。這樣，李嘉誠不但抓住了歐洲的大批銷商，而且為自己擴大生產規模得到了寶貴的資金。

當李嘉誠聽說一家銷售網遍布美國加拿大的公司有意來香港考察，當即決定無論如何也要抓住這個進入北美市場的機會。但是他知道，憑著自己工廠現有的規模，是不可能讓這麼大的經銷商滿意的。於是他決定，在外商到來之前，也就是在僅有的一個星期之內，把塑膠花的生產規模擴大到令外商滿意的程度。

如果他不擴建生產規模，李嘉誠抓住這次進入北美市場的機會就等於零，如果他擴建生產規模，那麼他就有百分之五十的機會。李嘉誠為了這百分之五十的機會，一向追求穩健的他，只有全力一拼了。當然，這是他看準了的東西。既然是自己看準了的東西，只有果斷去做了。

一個星期內，要完成租到一萬平方英尺的廠房，把舊的廠房退掉，把原來的機器設備搬到新的廠房裡，還要購買新設備，把新舊設備安裝調試，招聘新的工人並且培訓操作，保證一切事物在一週後正常運轉……

這是一般人想都不敢想的事情，但是李嘉誠的夥伴們沒有想那麼多，都相信李嘉誠的選擇沒有錯，他們要做的就是在李嘉誠的指揮下忘我的工作。神話，也就在他們毫無雜念的忘我工作中誕生了，在外商抵達香港機場的時候，他們把最後一台機器剛剛調試完畢。

這位美國商人看完李嘉誠的工廠和產品陳列室以後，感到很吃驚，他認為李嘉誠的工廠完全可以和歐美同類的大廠家媲美。令這個商人更能接受的是李嘉誠的產品物美價廉，馬上決定和李嘉誠簽訂合約。

也就是這個美國商人，每年讓李嘉誠拿到了北美洲數百萬美元的合約，並且成為加拿大帝國商業銀行的合作夥伴。

龐大的塑膠花市場，為李嘉誠帶來了難以計數的利潤，而長江工業公司以及李嘉誠本人也得到了廣泛的關注。「長江」成了世界上最大的塑膠花製造基地，李嘉誠則被譽為「塑膠花大王」。不到三十歲的李嘉誠，靠自己的自立、自強、勤奮和努力，成為一個令香港人矚目的富人了。

成為真正富人的李嘉誠是這樣評價自己人生這段路的：

在二十歲前，事業的成果一〇〇％要靠自己的雙手靠自己的勤勞獲得。

二十歲至三十歲，事業有些小基礎，那十年的成功，一〇％靠運氣好，九〇％仍是要靠自己的勤勞獲得。

一個人在他三十歲之前，選擇什麼，做些什麼，幾乎決定著他一生的成敗。所以，三十歲之前，是一個人一生的基礎，也是決定他是一個窮人還是一個富人的關鍵階段。

三十歲之前的窮人認為，他之所以貧窮，之所以不得志，那是因為他缺少機會，缺少運氣。如果有了機會，他也會紫氣東來，飛黃騰達的，也會成為一個真正的富人的。所以，窮人把運氣和機會看得相當重要，認為機會和運氣是決定他一生的東西。沒有機會和運氣，無論你怎麼努力，也是於事無補的。所以，窮人就坐等機會和運氣的到來。

但是窮人永遠無法接受一個事實，那就是機會和運氣是產生於一個人的勤奮和努力。

窮人對身邊的小事總是不屑一顧，認為小事對自己成為一個富人產生不了多大的作用，就不願意去做，即使做也是漫不經心，不會百分之百地投入，或者是敷衍了事。

窮人認為他這一輩子只要做成一件大事情，就足可以使自己一夜成名，一夜暴富。所以窮人就耐心地等待著大事的到來。

小事情不願意做，又沒什麼大事情，窮人總是很閒的，那是因為他覺得自己沒有做大事情的機會。他可以讓自己的一天白白度過，可以隨意地打發掉自己的一個月，也允許自己荒廢一年的時間。窮人更多的是關注別人，誰成才了，誰發財了，就是不關心自己這一天有什麼收穫。

窮人不經常做事，就會變得手懶心愚大腦遲鈍，整個軀體也隨之麻木；有長進的就是更加地浮躁，嘴巴上抱怨的話更多，嫉妒心更強，對世界對時代感到更加的陌生。這樣的人，永遠不會有大事情可做，即使有大事情讓他去做，結果只能是失敗。

窮人做一件事情如果是失敗了，他會把結果歸結於運氣不好，自己的命運太背。如果自己的運氣更好一點，結果絕對不是這個樣子。也正是對運氣過分地看中，從不在自己身上找原因，那麼結果只有一個，永遠做一個名副其實的窮人。

仔細打量身邊的窮人，他們在三十歲之前，無一不是遊手好閒無所事事的。即使是踏實本分的人，也是碌碌無為之人，重複做事，做無益於自己發展之事。要不不做事，要不做事有頭無腦。

富人在三十歲之前，他什麼都不信，不信命，不相信機會和運氣。他不會相信天上會掉餡餅，也不會等待有人把免費的午餐送到自己的嘴邊。他認為，一切只有透過自己的勤奮和努力，透過自己的手腳去做，才會有所改變。

三十歲之前的富人，不會因為自己年輕而浪費一分鐘的時間，他希望自己的每一小時都有事情可做。在富人眼裡，事情沒有大小，力爭把每一件事情都做得至善至美，並且從不斷地做事中學習和領悟，不斷地增長自己的知識、學識、見識和膽識。

富人不知道抱怨，也不會去抱怨。他相信，要想改變自己的境遇，只有靠自己的雙手，不以物喜，不以己悲，認認真真地做事，堂堂正正地做人。

他們很清楚，社會不會同情弱者，社會上的人也僅僅因為你是弱者，給你有限價值的同情，對自己命運的改變不會有太大的作用。一個人靠別人的同情是難有作為的。

三十歲之前的富人，不會坐等機會和運氣，但他們絕對不會放過任何一個經過自己身邊的機會。如果沒有機會，他們會精心地處理好自己的每一天，把握好自己生活中的每一個細節。因為他們知道，機會可能就來自細節之中。這樣，就已經為自己的事業打下很結實的基礎。

窮人在三十歲之前，不會給自己人生打下任何事業的基礎。也正是沒有事業的基礎，所以就不可能有人生的事業巔峰。

打基礎，一般來說都是付出的多，得到的少，甚至沒有任何顯而易見的回報。他們認為，什麼大事情，只要有絕佳的機會和運氣，都應該是一蹴而就的。殊不知世界上一蹴而就的事情根本就不存在。

這樣，急於求成就是窮人經常犯的錯誤。急於求成，不但是浪費大好的機會，對他脆弱的自信更是難以承受的打擊。

做任何事情都不可能是一帆風順的，不論你是窮人還是富人，都不可避免地要遭遇失敗。結果就是窮人在失敗中選擇放棄，否定自己；富人在失敗之中選擇面對，並在失敗中成長。

正因為失敗是一個人做事不可避免的經歷，那麼失敗其實就不是那麼可怕的，失敗對一個人的事業也不是那麼重要。最重要的是一個人在失敗以後是否還有信心，能否繼續保持或者擁有清醒的頭腦。

一個失敗了的富人，不會把失敗看得那麼重，他會繼續努力，下決心要獲得成功，並在失敗的結果上認真總結，不是把失敗的原因歸咎於環境和他人，而是在自己的身上尋找不足，發現自己還有哪些做得不夠好，積極地尋找解決辦法，那麼他暫時的失敗就不是真正的失敗，只是沒有成功而已。相反的，失敗卻成了他的成功不可缺少的一個環節。所以說，失敗就是富人展示個人魅力的一個機會。

失敗，更是窮人不可避免的結果。做事的時候，要不瞻前顧後，猶豫遲疑，要不就靠自己的想當然。一旦失敗了，不是尋找失敗的原因，而是忙著推卸責任，或者是為自己的失敗找藉口，不光自己心安理得地接受失敗，還要讓大家也接受他的失敗，要求別人對他的失敗給予同情。

失敗，對窮人也是一個證明，那是他自以為是的證明，證明自己放棄是正確的。他不能把失敗變成成功，那麼他也不能把自己這個窮人變成一個真正的富人。

如果窮人失去了再去爭取成功的勇氣和力量，那就是真正地、徹底地失敗了。

李嘉誠，是一個從窮人到富人的典範。從他的身上，可以讓我們徹底明白，一個人不可能無緣無故地貧窮，也不可能無緣無故地富有。

現在的年輕人，如果自己真的想成為一個富人的話，其實也很簡單，那就從今天做起，在不違反法律和社會道德的情況下，相信一切可行，世界上就不存在不可行之事。

如果看上去真的不可行，那是因為你還沒有做好！做好生活當中的每一個細節。敢於選擇，勇於放棄，走一條屬於自己的路。

相信一切可行，不怕失敗，用自己的智慧把失敗變成走向成功目標的一個台階，抓住經過身邊的每一次機會，那麼你即使不能富可敵國，也可以豐衣足食。

第二章：信用無價

（從窮人到富人的身分證）

真正的窮人和真正的富人，應該和擁有多少財富是沒有多大關係的。因為財富乃是一個人的身外之物，可以隨時得到，也可以隨時失去。一個人，可以從貧窮變成富有，也可以從富有變成貧窮。所以，他們之間真正的區別應該在於如何發現財富、創造財富和駕馭財富。

只要是真正的富人，他們應該是這樣的：樂觀、勤勞、有信用、善於思考、敢於行動。勇於冒險、致力於改變自己和社會上所有人的命運的人，也是幸福的人。他以做事、思考、改變為快樂，他的財富是因為他做事自然而然地獲得的回報。

只要是真正的窮人，他們應該是這樣的：愚昧、無知、悲觀、懶惰、沒信用，只會等待，不思進取，善於找藉口，即使透過某種手段擁有了金錢，也只能是用錢來滿足一己私欲，最終遭到時代拋棄變得一無所有。

同一時代的窮人和富人，他們出生時的環境和條件不可能是一樣的，但是，他們有一點是相同的，那就是他們都有一個美好的未來，都有徹底改變自己命運的權利。

窮人和富人在一開始時，也許沒有區別，也許只差一小步，甚至是窮人比富人過得還要好，但是在最後，富人總是上了他的天堂，窮人還是下了他的地獄。

富人不論身處什麼樣的境遇，都會抱有一顆積極向上的心，用實際行動去改變自己的命運，不以物喜，不以己悲。

富人，只有他是真正的富人，不論他生長在什麼樣的家庭，也不論他的社會地位如何，從事什麼樣的工作，他都會很樂觀，很勤奮，總會盡職盡責盡心盡力完成自己分內的事情。他把自己所做的一切都當作自己人生道路上的財富。

富人是忠於現實、始終對自己的未來持有夢想的人，因此他能踏實地走好自己的每一步，每一步都能留下堅實的腳印。因為有腳印的存在，就能知道自己從什麼地方來，應該到什麼地方去。在自己的人生旅途上不會迷失自我。

窮人，用窮人的眼光看世界，用窮人的心理揣摩世界上的人，他認為他生來世界就對他不公平，沒有給他良好的發展基礎，沒有給他太多的發展機遇，沒有給他施展才華的舞台。

窮人總是對自己所處的環境滿腹牢騷，怨天尤人。在他的眼裡、心裡就沒有什麼「可行」之事，總認為自己是天下最倒楣的人。他一直認為自己能富甲天下，可是上帝卻讓他一貧如洗。

窮人用悲觀消極的思考方式，來審視自己的未來道路，他就會被表面上的灰色遮住視線，看不到自己發展的道路，就不肯向前走一步，他對時代、對人生、對自己都充滿了懷疑，在憤怒和絕望中白白浪費自己的時間和精力。他們總是抱怨自己的麻煩太多，但他不知道，沒有麻煩的人是他們已經把麻煩解決掉了。窮人有理由抱怨一輩子，但是等待他的只能是失敗和不幸。

窮人總是把可能變成不可能，富人卻把不可能變成可能。

一個曾經身無分文的上班族也可以成為富甲一方、世人皆知的大財閥！而且成為亞洲屈指可數的大富豪！

這是天方夜譚嗎？這可能嗎？——這絕不是天方夜譚。這就是本文的主人翁鄭周永，一個走過窮人到富人所有過程的人。

窮人忍受天災　富人難耐人禍

鄭周永，一九一五年十一月二十五日生於朝鮮半島江原道通川郡田面峨村的貧苦農民家庭。因家境貧寒，以幫人打工謀生。自一九三七年在韓國漢城開辦一家小米店以來，一次又一次創造奇蹟，改寫自己的人生。經過多年不懈的努力，逐步創建了以「現代建設」「現代造船」「現代電子」為核心的現代企業集團，將自己的夢想推上極致，寫就了企業史上一個奇蹟。

如今，鄭周永的現代集團已經擁有總資產一千多億美元，員工二十萬人，四十餘家大公司，在世界最大的一百家企業裡，現代集團榜上有名，成為亞洲頗具實力的集團。

鄭周永本人也成為亞洲最富有的企業家之一，被譽為「最有魄力的男人」，成為亞洲四小龍之一的韓國最具影響力的名人之一。

鄭周永將一個時代的神話改寫成了現實。

這個世界只有想不到的，沒有做不到的，只要肯像鄭周永一樣不懈地努力。

孟子曰：「天將降大任於斯人也，必先苦其心志，勞其筋骨，餓其體膚，空乏其身。」凡成就大業之人都要經過精神和肉體的雙重磨練。鄭周永也不例外。

鄭周永出生在一個世代務農的農民家庭，他是家裡的老大。深受傳統思想影響的鄭周永的父親抱定「多子必然多福」的想法，因此鄭周永又有了五個弟弟和一個妹妹。

鄭周永的家庭絕對不比現在的窮人優越，甚至比他們還差。鄭周永的家庭是相當清貧的。他在通川郡松甲公立小學讀書的時候，幾乎是天天餓著肚皮去教室上聽課，有的時候餓得不行，就到水池邊喝幾口涼水。但是無論怎麼餓，鄭周永還是要將課聽完，因為他知道自己的學習機會來之不易。

寒冷的冬天裡，鄭周永穿著不能禦寒的夾衣，背著打了補丁的破書包，準時出現在從家到學校的小道上。在寒風裡，他單薄的身子顫抖著，很多人看見他這種樣子，都流下了眼淚。但是他很滿足，因為有書讀！

不論怎麼難，鄭周永都堅持讀書，有書讀，對他來說就是很幸福的事情了。日復一日，年復一年，鄭周永堅持讀完了小學。

艱苦對鄭周永來說無所謂，只要有書讀就好，可是生活的現實卻使得他無法再繼續讀下去了，因為貧困的家庭和貧困的父母實在無力支付他的學費了，生活的重負已經讓他們喘不過氣來了。為了能夠填飽全家人的肚子，他們不得不讓鄭周永退學回家。

這是一九三〇年的事，鄭周永剛剛十五歲。

這是一個什麼樣的年齡？現在好多孩子在十五歲的時候正在做什麼？他們還是一個不知生活為何物的孩子，根本就不知道勞累是什麼滋味。當他們還為沒有漂亮衣服哭泣的時候，鄭周永卻已背負著沉甸甸的犁耙走向了貧瘠的土地。

鄭周永是十分渴望繼續上學的，可是他沒有選擇的權利。貧窮給他一道沒有選擇餘地的難題，他只有去尋求解答。

每天，太陽還沒有出來，鄭周永就得匆匆地起床，扒兩口涼飯，然後隨著父親下地幹活。一天的勞動就全靠著早晨的那點涼飯支撐著，中午根本沒有什麼可以充饑的，只是在休息時喝幾口白開水，幹完活只能等待吃晚上的那頓稀粥。就是這樣風雨無阻、沒日沒夜地幹，可還是連肚子都填不飽。很難想像一個十幾歲的正在長身體的孩子將如何面對難耐的饑餓！

這種艱苦的現實環境終日伴隨著還是個孩子的鄭周永。

讓我們看一看當時僅有十六歲的鄭周永是怎樣想的，又是怎樣做的吧！

鄭周永想他不能一輩子就這樣貧窮下去，他希望有朝一日能走出貧窮落後的農村，到外面世界去看一看，闖一闖，進而擺脫那種朝飯夕粥的清貧生活。

鄭周永沒有抱怨，也沒有詛咒，更沒有接受命運的安排，他知道以他自己個人的力量是無法改變他所在的農村的生活現狀的，他能改變的只有他自己。

鄭周永找來了幾個和他有著同樣想改變自己命運想法的同窗好友，商量著怎樣才可以離開那令人絕望的窮山惡水，告別那塊貧瘠的土地，尋找更寬的出路和發展平台。

一個人的貧窮，肯定會有很多原因的，這個原因可能是歷史遺留的、生存環境的或者是自身的。但是，窮人往往只是盯著自己的生存環境和自身的條件，認為自己對這些都是無能為力的。於是，他們就可能更強調資金、關係、背景在一個人成就事業的過程中佔有的位置。

每個人都有不同的成長環境、家庭背景、受教育程度，這些對一個人一生有著不可估量的影響。然而，這些又不是一個人能夠選擇的。

現在的好多依然貧窮的人，可以說都擁有了好的發展平台，擁有好多難得的機會，他們應該懷著對時代感恩的心態抓住機會，乘快馬輕舟短時間內取得輝煌。窮人一窮二白，甚至還有沉重的包袱，抱怨、慨歎、埋怨都救不了他們，他們應該承認事實，接受事實，冷靜地審時度勢，去爭取和創造機會，找到屬於自己的平台。出身和家庭，對於他們的成功，只能影響一時，不能影響一世。他們如果想成為一個真正的富人，那麼他們只有不問前生只問今世了。無論他們現在多麼吃力，多麼難，只要他們擁有一個富人的心態，審視自己的曾經和未來，他們就有可能成為一個富人。

經過幾代人的努力，我們的國家已經處於飛速向前發展的時代，大多數人已經都過上了和平、穩定、富足的生活。

在這個時候，我們更應該認識什麼人是真正的窮人，什麼人是真正的富人，什麼樣的東西才是真正的財富。如果我們還找不到真正的窮人和真正的富人的距離，那麼我們就有可能從一個有錢人變成一個徹底的窮人。

現在有好多孩子，家庭條件也不錯，家裡雖然不像鄭周永兒時那樣貧窮，但也不是真正的富有。這些孩子，他們可以衣食無憂地坐在寬敞舒適的教室裡，接受先進的現代化教育。生活在濃烈的愛與被愛的環境之中，真猶如是在天堂，可是卻有那麼多的孩子不珍惜大好時光，不好好讀書，躺在父母辛辛苦苦營建的溫床上消磨自己的青春，浪費著父母的金錢和熱情。

初中生自動輟學的大有人在（這裡排除因貧困退學的），他們不珍惜機會，蹺課、曠課、玩遊戲，甚至還有的吸菸、酗酒、賭博、打架、早戀……也許他們能說出一大串理由說他們應該這樣，也可以認為父母那一代不會生活不懂生活。是的，父母可能不會上網聊天，但他們能為孩子買來電腦，還能向電信局交付網路費，還能為自己的孩子無償地提供錢財和衣物。父母可能俗、土、傻，然而孩子們的現代、先鋒、時尚離開父母俗、土、傻的供給可能也就不復存在了。

二十一世紀是靠知識、實力、智慧打拼的時代，是一個競爭更加激烈的時代，更是一個不同情弱者不相信眼淚的時代。如果我們浪費了青春和熱血，按照窮人的模式走向窮人的方向，那麼時代就會剝奪我們的生存地位和權利。

父輩營造的溫床讓下一代自私、抑鬱、脆弱、敏感、自我意識過強，如果我們再放縱自己，不為自己成為智者充電，那麼我們就是有智商沒智慧，有大腦沒思想，有肌肉沒熱血，有勇氣沒毅力。我們為自己積攢危機，最後我們也只有慘遭危機對我們的清算，成為由裡到外真正的窮人。

窮人是永遠不知道尊重和珍惜的。其實，不尊重別人就是不尊重自己，不珍惜現在就是不珍惜自己的未來。有的人在理想中一直想成為富人，但卻用窮人的尺規來丈量自己的路，那麼他的人生結果只有一個，那就是他這一輩子只能做一個名副其實的窮人。

富人是知道滿足和感恩的。如果他沒有一個很好的家庭背景，那麼他就滿足於自己還有一個愛他的父母；如果他沒有愛他的父母，那麼他會滿足於父母給他一個擁有生命的機會。

無論自己現在怎麼樣，富人都會坦然接受的，因為他知道這是無法改變的事實。他沒辦法找到一個美好的起點，但他有辦法尋找一個適合自己的路去走。

沒有辦法改變事實，那麼就欣然接受它，積蓄自己的力量去改變它。想改變什麼，是需要有強烈願望的。在這方面，窮人永遠落後於富人。

也許有些時候，如果有一些家庭並不富裕的孩子，背的不是名牌書包，穿的不是名牌衣服，他們可能不會去上學，因為這樣很沒面子，會被同學和老師瞧不起！

他們有了很多面子以後，就不會有鄭周永那樣的未來，甚至不及他的萬分之一。是窮人是富人，不是面子的事，而是骨子裡的事。

窮人也不願意貧窮，但他們可以心甘情願地忍受貧窮，那是因為他們認為龍生龍，鳳生鳳，老鼠的兒子會打洞。嫁雞隨雞，嫁狗隨狗，嫁個扁擔抱著走。一切都是命運，一切都是天意，誰也逃不離……

這些隨緣之說都是以欺騙為目的的謊言，有錢人拿著這些謊言欺騙窮人，窮人拿著這些謊言欺騙自己，甘心於平凡平庸，任人宰割。

世界上萬物都不是不能改變的，更不用說貧窮和富有了。這不是想到與想不到的問題，而是想與不想的問題，敢想與不敢想的問題。

富人在貧窮時，肯定會想著改變的，因為他是真正的憎恨貧窮渴望富有。他正是因為想到必須改變了，那麼他就可以為自己描繪出一幅嶄新的生活藍圖，尋找新的出路，而不是盼望死胡同裡突然能出現一道門。

一條路無法走下去，就應該選擇另外一條路，這樣的人是真正的富人。一條路無法走下去，還咬著牙往下走，這樣的人只能說是徹底的窮人。窮則思變，變則通，通則達。

窮人永遠不知道時代對他們已經提出了新的要求，他們要想生存下去，生存得更好，就必須滿足時代的要求。如果只想走原來的路，只想靠原來的思維思考，那麼受傷害的只能是他們自己。窮人在一個公司和集團裡工作，有了自己熟悉的崗位和網路，致使他們在不知不覺中對其有了依賴性。

當這個公司這個集團因不符合時代的要求而慘遭淘汰時，窮人會表現得相當難以接受，更是極不情願離開它。公司破產了，倒閉了，他們並不能夠清醒地認識到這是自然規律而愉快地放棄，更多時候是哭著喊著抱殘守缺。

扔掉壞的東西是人的一種本能，而扔掉好的東西則必須有足夠的勇氣。一些東西遲早是要扔掉的，早扔掉的就是智者，晚扔掉的就是愚者，不扔掉就遺憾終生。

窮人不是窮在他一無所有，而是窮在他不渴望改變。不渴望改變的人永遠是無知的奴隸，並且在做奴隸的過程中悲慘地死去。

窮人因循守舊
富人打破常規

當鄭周永把打工的想法向父親說明後，深受傳統思想束縛的父親立即就要把他新生的想法扼殺掉。父親對鄭周永說：「周永，你是咱們鄭家的老大，你身為長子怎麼忘了咱祖祖輩輩留下來的規矩呢？就是我不準備讓你為我養老送終，可是你也應該為你的弟弟和妹妹們想一想啊，你不留在家裡種田打糧養家糊口，怎麼可以想入非非，棄家而走呢？你就不怕別人說你大逆不道嗎？」

面對父親的訓斥，鄭周永沒敢當面反駁，但是他的心裡早已打定了主意，有朝一日一定要遠走高飛。年幼的鄭周永在心裡開始偷偷地醞釀離家逃跑的計畫。

那一年，朝鮮半島江原道通川郡田面峨村已經沉浸在春意裡了，在貧苦的土地上又苦苦熬過了一個冬天的鄭周永開始考慮如何逃跑了。

那是一個春雨綿綿的夜晚。鄭周永從同學家裡回來路過里長家時，他向里長女兒借報紙，從報紙上看到了北方的清津市正在修港口和鐵路，於是，他就在心底萌生了要去那裡打工的念頭。

鄭周永有了這樣的想法以後就立即開始行動了。而行動正是想法的代言物。

鄭周永先是將這個消息告訴了夥伴周元，兩個人找來朝鮮地圖，尋找了好半天才把清津市找到，可是他們並沒有感到輕鬆，因為從通川郡田面峨村到達清津路途很遠，他們到哪裡去籌路費呢？家裡自然是不能指望的，而且還不能讓家人知道，否則他們遭到阻攔就哪裡也去不成了。

鄭周永實在是無法忍受貧窮的生活了，他太渴望能夠出去見識一下外面的世界。於是，為了實現那個去清津打工的願望，他和夥伴就在種田之餘，悄悄地上山去砍柴，足足大半年的時間過去了，他們才存了四角七分錢的路費。

一九三一年八月，鄭周永懷揣著那僅有的四角七分錢和周元偷著溜出了村莊，按照地圖上的路線徒步開始了人生旅途上的第一次遠征。為了節省花銷，他們倆風餐露宿，日夜兼程。

但是儘管如此，當他倆到了高原市時還是身無分文了。就在他們進退兩難一籌莫展的時候，碰巧高原市鐵路工廠招聘臨時工。於是，無計可施的他們就應聘去了。鄭周永雖然年紀小，但是家裡的沉重勞動早已讓他的身體結實強壯。真是天無絕人之路，領班意外地相中了他們倆，他們可以留下了。

在高原市打工的日日夜夜裡，年齡尚小又是逃出家來的鄭周永看著他鄉漸圓的秋月，想想中秋將至竟自傷心地流起了眼淚。想一想自己不辭而別，父母一定是很擔心，確實有點愧疚。但是鄭周永並沒有後悔，因為他心裡清楚得很，就是自己留在家裡也是毫無意義的，只能是與父母兄妹們一起受著毫無價值的煎熬。

鄭周永盡可能地省吃儉用，並且先從工長那裡預支了半月的工資，準備給家裡寄去，因為他知道家裡需要錢，可是卻沒有錢。

鄭周永把錢拿到手裡，正準備將它寄回家裡，父親卻突然出現在他面前，一雙大手搭在了他的肩頭。鄭周永做夢也想不到父親會在高原市找到他，驚訝得半天說不出一句話來。

父親不僅僅是父親，他還代表著令鄭周永感到恐怖的世俗權力。

鄭周永無可奈何地隨著父親回到了田面峨這個貧窮的小山村，他的第一次逃離失敗了。

窮人和富人的一個區別就在於，窮人是不敢打破常規的，而富人是敢於打破常規的。

很多常規，在開始制訂的時候可能是有用的，但是隨著社會的發展，時代的進步，就有可能成為阻止人們健康發展的包袱，或者成了另一代人成長的枷鎖。常規一旦成為人們精神裡戴慣了的腳鐐，摘下來是很不容易的。

現實生活中有多少窮人在忍耐，又有多少窮人在等待？忍耐著他們難以承受的痛苦，等待著本屬於他們的公平。為什麼要這樣？就是因為這些人在很小的時候，有許多人有許多道理在告訴他們要忍耐要等待，日久天長，他們也就習慣了忍耐與等待，並且在忍耐與等待中流失了自己的大好年華。事實上，他們不能忍耐，更不應該等待，不能像驢子一樣只迷戀車轅之間的空間和磨道的穩定。

窮人，在事實上是最沒有理由埋怨的，因為貧窮的是窮人和窮人的家屬，而不是別人。也許窮人的「假設」和「如果」的情況是真的，像鄭周永一樣，可是窮人「逃跑」了嗎？窮人想過辦法了嗎？窮人努力了嗎？

富人就相信這樣的事實：沒有什麼能夠阻止白楊長成參天大樹，同樣也沒有什麼力量能讓狗尾草直沖雲端。

無論我們現在是窮人還是富人，我們必須要知道，誰也沒有權力規定我們的生存方式和生活方法，包括我們的父母。隨著時代的發展，生存理念、生活觀念都隨之發生了改變，也許父母相信天道酬勤，而我們相信智慧致富。我們的父母戰鬥一生是為了消滅剝削，而我們面臨的卻是如何就業。這裡沒有對與錯的區別，只是時代使然。

在沒有金子的地方無論怎麼努力也挖不出金子，這與我們努力與否無關。富人知道只有換個地方，才有可能挖到金子，不換地方的就是傻瓜。窮人就不一樣，他可能在沒有金子的地方一直挖下去，或者再也不想挖金子的事了。結果就是窮人一直沒有挖到金子，而富人挖到了不少金子。

一個企業的制度不再令你有所發展，甚至是扼殺你的天才與靈性，你不離開就是愚忠。時代告訴我們，能決定我們一切的只有我們自己，能讓我們有所改變的也只有我們自己。

你、我、他在鄭周永那個年齡，遇到這樣的事，面臨著這樣的情況，可能會選擇放棄，也正因為選擇了放棄，所以多年以後你還是貧窮的你，我還是貧窮的我，他還是貧窮的他，時間留給我們的依舊是貧窮。但是鄭周永沒有放棄，所以他就有希望不再貧窮。

窮人和富人當初彼此相差的只是一步，可是在若干年以後，他們卻可能是天與地的差別。人生的關鍵就是那麼一步。

窮人忍受貧窮的能力有的時候真讓人「佩服」，窮人中每個人都渴望富有，但是並非每一個人都憎恨貧窮，就是憎恨著的人也不一定是實質性的，可能往往屬於表層，無非是言論的討伐，肉體的掙扎，靈魂的呻吟。

沒有決裂後的戰鬥，貧窮是不會消失的，富有也不會誕生。躺在貧窮的床鋪上討伐貧窮，那是沒有希望的，更可能是被扼殺的。

生存法則就是優勝劣汰，弱肉強食，適者生存。誰都可能無法選擇做強者還是做弱者，但是，若想成為富人，就得總要想盡一切辦法去爭做一個強者。

富人知道自己的一切，他可能沒有強壯的體魄，但他一定要有堅強的意志。他可能沒有見識，但他一定要有知識、膽識，並逐漸形成屬於他的本事和智慧。

窮人總是躺在祖宗的墳塋上，一動不動，甚至連身都不想翻，變得平庸、無能、懶惰和無知，缺少發現，缺少創造，缺少激情，缺少愛心和誠信。

什麼是命中註定？說命中註定還不如說是行為註定。不是危機選擇了窮人，而是窮人選擇了危機，並且是強迫危機選擇窮人。窮人做奴隸的欲望比做奴隸主的欲望強烈上百倍上千倍。

窮人有各種各樣的機會成為富翁，可是由於窮人自身的原因，只能成為別人各種各樣皮鞭下的奴隸。不認識皮鞭是危機，不會使用皮鞭也是危機，擁有皮鞭把皮鞭交給別人更是危機。

鄭周永身無分文卻依舊能實現去千里之外的清津打工的願望，那還有什麼是無法實現的呢？

窮人最大的本事就是能忍受貧困中的煎熬，鄭家幾代人就是這樣過來的。習慣中，一成不變地不思進取、坐以待斃是不受指責的，按照傳統的思維方式一錯再錯也是沒有人說什麼的，可一旦你去追求發展和創新了，並在這個追求的過程中出現了失誤或者是失敗，那麼肯定是讓世人無法接受的。前後兩者的結果都是一樣的失敗，但人們在面對兩種失敗時的態度卻大不一樣。

一樣的結果，但卻有不同的意義和價值。窮人選擇前者的失敗，富人會選擇後者的失敗。鄭周永想逃出樊籬，寧可去接受新的痛苦，因為這對他自己而言既是一種解脫，更是一種突破。

鳥不出頭只能成為戀窩的雞，人不出頭永遠是籠子裡的奴隸。

窮人安於貧窮
富人渴望富有

隨後又是一個難耐的冬天，鄭周永無可奈何地待在田面峨的大山溝裡，看見的除了大山還是大山，只有那一線的天空。他不甘心。他清楚地知道，自己的出路只有兩條：一是在這裡讓貧窮把自己埋葬；二是改變自己的貧窮。改變貧困唯一的辦法就是跳出這個圈子，首先改變自己，然後再改變這裡的一切。

鄭周永一天也無法忍受這貧困的生活了，他在等待中尋找改變命運的時機。在鄭周永眼裡，一九三一年的冬天特別地漫長和寒冷，而一九三二年的春天來得特別遲緩。

春天終於來到了。

鄭周永見時機已到，便聯合了金昌寧和徐元斗兩個小夥伴，在黑夜的掩護下再次逃離。三個人翻過斷發嶺，經過金化直奔韓國首都漢城。

但是，他們寄居在金化親戚家裡時，他們的行動路線讓善良的親戚通知了鄭周永的父親。結果，鄭周永沒等到達漢城就再次被父親帶回家裡。

第二次叛離又告失敗。

又一次逃離失敗以後，鄭周永開始靜下心來總結失敗的原因所在。他認為主要有三方面：一方面是自己的路費太少，進而只能徒步而行，影響出逃的速度，拉長逃跑的時間，讓父親能夠找到；另一方面是目標太大，一群人很容易暴露；同時出逃之前的舉止行為總是失常，很容易被識破。

鄭周永是善於總結失敗教訓的，所以他以後能屢屢成功。

鄭周永吸取了上兩次失敗的教訓，改變策略，為再次逃跑準備條件。

半年多的時間裡，鄭周永如同換了一個人。在父親面前表現得畢恭畢敬，隨叫隨到，不辭辛苦，任勞任怨。從早忙到晚，拼命地在田裡工作，什麼髒做什麼，什麼累做什麼，很少和朋友們來往，也極少說話。父親說一他決不說二，父親說上東他也決不往西，對父親是言聽計從，百依百順。

鄭周永真的就此心平氣和地甘於種地了嗎？他不是。他的心裡從來就沒有平靜過，他要遠走高飛的決心也從來沒有動搖消失過。他是在創造著機會，等待著時機，尋找著機遇。

燃燒起來的欲望之火是不容易被撲滅的。

鄭周永的行為蒙蔽了父親的眼睛，父親看他如此用心於農事，就不成天地看著他了，對他放鬆了警惕。鄭周永見此，認為出逃的時機已經成熟，就悄悄地取走了父親賣牛的錢，違心地做了一次「偷竊」的事兒。那錢是父母準備用來買田的。

鄭周永再次逃出村子，坐上了南下去漢城的火車，又一次離家出走。

鄭周永到漢城以後，沒有立即進工廠、工地打工，也沒有將錢揮霍掉，而是用父親準備買田的錢進了漢城牡丹會計學校速成班學習。

把有形的金錢化作無形的資本累積在頭腦裡，以便讓它創造更大的利潤，這是企業家的素質和眼光。

為了生活，鄭周永在會計學校速成班學習之後，還要到德壽宮旁的一家飯店打工，以維持生活。這種半工半讀的生活沒有讓他覺得苦和累，反而讓他感到欣慰，因為生活是充實的，他正在充實自己。

鄭周永這種半工半讀的生活雖然是「腳打後腦勺」地忙，累自不必說，可是他不覺得苦。但是，這種生活不久就讓父親打破了。

那天，鄭周永從飯店裡做完工作正準備回住所，卻做夢也沒有想到父親會出現在門口。

於是，鄭周永又被父親帶了回來。

第三次出逃又以失敗而畫上了傷心的句號。

目的沒有達到，擺在鄭周永面前的有兩條路三種情況。一條路是伸向目的地，也就是他想去的地方，但困難重重；一條路是返回出發點，回到故鄉，寬闊平坦。一種情況是繼續前進，一種情況是原地不動，還有一種情況是沿途返回。

原地不動是最安全卻最沒有希望；沿途返回最是順利卻終不能到達新的目標，只有繼續前進的人才有希望到達目的地，但這要付出很大的代價。迎難而上需要的是勇氣、毅力，不可或缺的還要有智慧。「盲人騎瞎馬」有的是勇氣，也不缺少毅力，但卻絕對到達不了目的地。

富人在骨子裡就有與貧窮徹底決裂的天性，這種決裂的力量是非常巨大的。窮人之所以過了一輩子還是一貧如洗，那是因為窮人抱著貧窮不放，貧窮自然也不會放棄窮人。窮人首先是被窮意識禁錮了自己的手腳，畫地為牢，最後抱憾終生。

鄭周永也許是天生的經營天才，是天才就會貶抑毀滅舊有的觀念和意識，和人們已經接受和認可的東西發生衝突。

天才都有一些超越常人的意識形態及理念，所以天才的命運並不都是快樂的。天才往往具有鮮明的個性，強烈的反叛性、挑戰性，對世俗的理念不會輕而易舉地投降與妥協，因為他們認為自己的選擇是正確的，事實上也許真的是正確的。他們會執著地追求並按照自己的思維行事。他們的行為一旦侵犯了世俗的利益，在尚未證實其新意及行動的價值之前，便會遭受到世俗勢力的懲罰和扼殺。

被人們接受並承認的天才也許都成了富人，而在平庸的平凡的人群中也並不是沒有天才。那個天才在兒時可能是某一方面的天賦，只不過他們的反叛性挑戰性不夠強大而已。

在這個每天都有百萬富翁、千萬富翁產生的時代裡，想想窮人們都做了些什麼呢？

窮人可能一直在聽從安排，父母的安排，老師的安排，國家的安排，長官的安排。每天都庸庸碌碌地把太陽從東背到西，過著幾乎一成不變的生活。上班—回家—上班，從來沒有想過徹底的改變，就是對此感到強烈不滿，也只是在酒桌上藉著酒勁兒發發牢騷，罵罵娘，第二天仍舊重複今天的日子。

不是不渴望光宗耀祖，飛黃騰達，而是不想去改變，害怕失去現在這個比上不足比下有餘餓不死撐不著的工作。

窮人並不認為自己是窮人，這是因為窮人總是拿祖宗的尺子來丈量。可是若拿起時代的鏡子照一照，窮人就會發現自己從皮膚到骨子裡都散發著窮氣。窮人總是用窮人的心理抱怨著「天高任鳥飛，海闊憑魚躍」的時代。

窮人想富有，卻沒有勇氣突破，不願掃除體內那些多年沉澱下來的精神垃圾。窮人節約著本身不具備價值又代表價值的錢財，卻又浪費著一個個發展、發財的機會和機遇。

有機會利用機會，沒機會製造機會，機會沒來之前等待機會，機會成熟之後抓住機會，這就是少年鄭周永所能夠做到的。倘若窮人對機會也能做到這樣的程度，那麼何愁沒有機遇，又怎怨不能成功呢！

窮人把機會當作石頭
富人把機會當作璞玉

一九三四年的一場大旱讓這個故事重新有了感人的情節。

那一年，鄭周永的家鄉田面峨山區遭遇了百年不遇的大旱。整個山區的土地全部張開嘴，田地裡的莊稼枯死了絕大部分，幾近絕收。別說是吃飯，就連喝水都成了問題，靠種莊稼生活的鄭家被逼上了絕路。與此同時，一種可怕的「浮黃病」也如同惡魔巨大的手掌罩住了田面峨村。真是禍不單行啊！

自然災害和疾病如一把巨大的鉗子鉗住了鄭家九口人的生命。

面對這隨時要置全家人於死地的自然災害及疾病，鄭周永再也不能坐以待斃了，他再次請求父親讓他去打工賺錢。為了養家糊口，一向堅持傳統規矩的鄭父終於答應了鄭周永的要求。

從此，鄭周永才真正地獲得了自由。天高任鳥飛，鄭周永終於可以遠走高飛，去實現自己的願望了。

他告別了父老鄉親，再次踏上了前往漢城的路。

這一年，他剛滿十九歲。

身無分文的鄭周永到漢城才發現，在那裡找工作並沒有他想像的那麼簡單。他一無知識二無技能，有的只是力氣，於是他認為在仁川碼頭會找到工作，就離開漢城到了仁川。然而在仁川，他也沒有找到工作，不得不重新返回漢城。

這時的鄭周永已經除了生命以外什麼都沒有了，只能一邊幫人幹農活掙飯吃，一邊往漢城走。

回到漢城之後，他在工地找到了一份泥水工的工作，吃住都在工地上，一天沒有閒著的時候，才賺一塊錢。因為只要不出工幹活就沒有工錢，儘管他不可能無故休息，但颳風下雨還是難免的。即使他拼命地幹活，十天也只能賺到一斗米的錢。這是非常不划算的工作，而且是特別累，又學不到什麼技術。於是，他開始留意其他招工情況了。

有一天，鄭周永從貼在街上的布告上得知，某製造石油設備的工廠招收實習工人，實習其間，每天有五角的工錢。

鄭周永認為，那裡雖然才給五角錢的工錢，比他所在的工地還少五角，但工廠裡是不受天氣影響的，每個月可出足工，而且還能學到一門技術，是很划算的。於是，他就到那家工廠當了實習工。

事情並沒有鄭周永想像的那麼好，在那裡的兩個月，工廠只讓他幹些綁鋼管的簡單工作，既簡單又枯燥，根本學不到什麼技術。他看自己再這麼幹下去，不但學不到技術，也賺不到錢，沒什麼發展可言。他於是決定，在幹好本職工作的同時，還要尋找有前途的工作。

經過一段時間的等待、奔波，和他堅持不懈的努力，鄭周永終於找到了一份令他滿意的工作，在新堂洞一家福興商會的糧米購銷商行做了一名糧食發放員，每個月能賺到十八塊。

面試那一天，老闆問他會不會騎自行車，因為作為一名糧食發放員，是少不了要用自行車送米的。鄭周永騎過自行車，但他不是騎得很好，但他還是硬著頭皮說自己會騎，於是他就被錄用了。

上班的第三天，老闆就讓鄭周永用自行車給一個客戶送米和小豆。那天還下著雨。本來他對自己的騎車技術就沒什麼信心，更何況是雨天路滑，但是他沒找任何藉口，二話沒說，把米袋和小豆袋往車上一放，踉踉蹌蹌地上路了。

這對他來說，真的有點為難了，他根本就不能做到自如地騎車，結果在半路上摔倒了，車把摔彎了，米袋上也沾了泥。他感到自己不但沒把事情做好，還弄髒了米，回來很是內疚。老闆娘是一個很開通的人，不但沒責備他，還對他說，雨天送米摔了很正常，不要自責了。

雖然老闆並沒有因為他騎車不好而責備他，但是鄭周永在當天晚上，就纏著一位送貨的前輩，教他騎車送米的技術和要領。前輩見他很有誠意，就毫不保留地對他說：米袋子要豎著放，橫著放就不好掌握平衡。千萬不要把米袋子捆在自行車上。那樣做，一旦摔倒了，米本身的重量會把自行車壓壞的。

接下來的三天，鄭周永幾乎是通宵達旦地練習騎車送米的技術。僅僅用三個通宵，他就熟練地掌握了騎車的要領和技術，他馱著兩袋米也能靈活地騎車了，進而成了最能幹的送貨員。

找到這樣一份滿意的工作，他十分珍惜，也很投入，非常地勤快，就像給自己做事一樣，兢兢業業。

上班的當天，他就不用老闆吩咐，主動地整理了雜亂無章的倉庫，把米按十袋一組排列，堆放在一起。雜糧也一樣，十袋一組放在一起，堆到另一處。讓人對庫裡的糧食種類和數量一目了然，也便於老闆掌握各種糧食出入庫的情況。

這個工作不像以前做農活幹苦力那麼辛苦，但是他並沒有因此而放鬆自己，而是對自己要求更嚴格了。從上班第二天起，他就每天第一個來，把貨攤打掃得乾乾淨淨，還學習升量法和斗量法。老闆吩咐的要做，不吩咐的也主動做，任勞任怨，不計較得失，深得店主的喜歡和信任。

儘管現在收入比以前多了很多倍，生活也很舒適了，但是他還是像剛開始那樣省吃儉用，把每個月薪水的大部分都寄回家。

在米行工作的兩年時間，他寄回家裡的錢，遠遠超過了他們一家人的全年收入。他已經成為家裡的經濟支柱。原來阻止他外出謀生的父親，也為當初自己的行為汗顏了，由反對變成了支持。

從身無分文的莊稼孩子，到有一份滿意的工作；從一天收入五角從一個月收入十八元，可以說鄭周永混得比上不足比下有餘了，可以說比社會上很多同齡人都強了，但是，他並沒有因此放鬆或者放縱自己，而是更嚴格地要求自己。

他認為自己的工作儘管令自己很滿意，收入也抵得上自己全家一年的收入，但是說得再好也是為他人賣苦力，對自己來說不是長久之計，也不是自己真正的發展之途。

在工作期間，他是很細心的，時時注意老闆的生意之道，自己琢磨米行的經營之道。凡是在米行圈裡工作的人，他都主動地去結識，向他們請教，與他們溝通，並與他們成為了朋友，在那個圈子裡贏得了很好的口碑。

只要有準備，機會終究會來的。到一九三七年的時候，福興商會的老闆由於自己的兒子吃喝嫖賭，導致生意很難再維持下去了，不得不把自己的米行盤出去。

這對時時做準備的鄭周永來說，是個絕好的機會。於是，他與一個好朋友合作，盤下了那家米行。三年的時間，他從一個打工者轉而成為那家米行的小老闆。

自己做生意，絕不是鄭周永的一時心血來潮，而是他已經具備了經營一家米行的實力。接手米行之後，他把自己的米行命名為「京一商社」，他充分利用三年來所建立的各種關係以及學到的經營經驗，對前老闆的經營方式進行了完善和補充，不僅留住了老客戶，還發展了新客戶，很快在漢城的米行業就佔有了一席之地，開始拉開了他搏擊商海的序幕。

那時，鄭周永認為，只要自己認真地做下去，就能把米行做成漢城第一，全國第一。

對他這一段經歷，鄭周永是這樣總結的：

> 無論做什麼事情，為了取得最好、最完美的結果，我都會竭盡全力。我的一生就像練習騎車送貨時那樣，是努力再努力、奮鬥再奮鬥的一生。我對自己的要求很嚴格。做任何事情，我都不允許拿「差不多」、「過得去」的思想來遷就或姑息自己。
>
> 要做就要一絲不苟、精益求精、盡善盡美，為了實現這個目標努力努力再努力，直至無以復加的程度，這是貫穿我的一生的工作準則。

從這一點，我們就可以看到窮人和富人的區別和距離了。

窮人，不論是對自己的人生，還是為人做事，都是不認真不投入的，一直以將就、湊合的態度來應付。

窮人的人生態度就是：因為大家都是窮人，所以我也就是窮人；因為環境讓我貧窮，我也沒辦法不窮；因為我自己的力量太小，所以我沒有能力改變。

窮人面對自己的處境，從來不問問自己，我想了嗎？我做了嗎？我竭盡全力了嗎？很多事情的成功，都不是一蹴而就的，需要一個人努力努力再努力、堅持堅持再堅持才可以實現。但是，窮人沒有耐心，他們可以將就，可以湊合。

窮人都有共同的特點，能習慣一切，也能適應一切。只知道做事，不琢磨自己所做的事情對自己到底有什麼樣的意義，自己這樣做下去會有什麼樣的結果。或者什麼也不想，什麼也不去做，只是隨著生活的慣性前行，走到哪步算哪步，有很多窮人知道自己的生活苦，但不知道為什麼苦。他們的日子今年這樣，明年還這樣，一輩子還這樣，他們會躺在鋪滿稻草的冷床上發牢騷，咒罵該死的生活，但就是不想換個活法。

他們之間遊手好閒者有之，不學無術者有之，破罐破摔者有之，空有皮囊者有之。沒有機會不去創造機會，有機會也抓不住機會，卻整天抱怨這抱怨那。無論在家裡，還是在社會上，總有那麼多人庸庸碌碌，虛度光陰，整日地沒有什麼正當事情。貧困的生活，不僅造成他們的身體營養不良，也使他們的靈魂、目光、意志和思想更加貧窮。

在看上去令人無奈的境遇裡，富人知道，如果沒有一個很好的平台，是無法尋找到改變自己命運的機會的，儘管他對改變命運是那麼地迫切。他知道，他要做的就是無論怎麼樣，一定要找到改變命運的平台。

在一個很好的平台上，要想改變命運是需要機會和機遇的。尤其在開始創業的時候，機會和機遇對想有所突破的人來說，是必不可少的東西。

窮人和富人都在苦苦地等待機會，他們很清楚，自己的人生也許只需要一個機會，就有可能發生天翻地覆的轉變。但是，窮人和富人對機會和機遇的理解是不一樣的。

窮人認為機會是有形的，是貼著標籤的，是任何人都能一眼看出來的價值連城的寶貝，是一種可遇而不可求的東西，它是屬於某一個人的。機會如果找到屬於他的人，一定會拍著他的腦門，大聲告訴他，我就是改變你命運的機會。所以，窮人總是習慣坐等機會的到來，來拍他的腦門子。

富人認為機會是無形的，就像輕輕刮來的微風，它能從每一個人的身邊刮過，如果你的注意力不夠集中，就無法感覺到它的到來。

在四周都是大牆的院子裡，是不可能有風的，所以富人不論走出院子有多難，也要走出來。也只有走出來，才有可能被風刮到。讓風刮到，也只有站在有風刮來的地方，這是首要條件。

富人也知道，機會相對而言是價值連城的玉石，但最初機會在很多時候是一塊璞玉，乍一看上去就是一塊普通的石頭，甚至還不如普通的石頭。改變人命運的是玉石而不是璞玉，這就需要得到璞玉的人精心把它打磨。

抓到機會這塊璞玉，富人會百般珍惜，用自己的勤勞、汗水、細心、耐心，竭盡自己的全力打磨，把機會還原成自己想要的模樣，把璞玉變成價值連城的寶玉。

窮人對機會的理解和認識，無疑是錯誤的，導致他們永遠也抓不住機會和機遇，那麼結果就是永遠也改變不了自己的命運。即使機會在他們手裡，因為是一塊璞玉，看上去沒什麼價值，也就隨手扔掉了。

窮人樂於挖井 富人善於修路

十九歲的鄭周永，飽嘗了生活的艱辛，卻充實了頭腦，抓住了改變自己是一個窮人的機會。這是因為他一不怨，二不靠，三不等。本來就是一個打工賺錢的璞玉，在精心打磨之下，使他成為一個米行的老闆，自己創造自己的生活，自己改變自己的命運。

不論是窮人還是富人，他們的一生都不可能是一帆風順的。鄭周永作為一個真正的富人，好像比別人的霉運更多一些。

就在他的米店生意蒸蒸日上的時候，日本發動了戰爭，作為日本殖民地的朝鮮自然也深受其害，特別對戰爭的重要保障——糧食，進行更加嚴格的控制。隨著戰爭的不斷升級，日本規定朝鮮實行糧食配給制度，整個朝鮮都不允許糧食自由買賣。因此，鄭周永經營米糧的「京一商社」不得不關門了，讓他的漢城第一、全國第一的理想成為泡影。

鄭周永回家待了一年，第二年又回到漢城謀生。就在他不知道自己做什麼好的時候，好朋友李乙學和金明賢向他推薦了正打算處理的亞都服務汽車修配廠。鄭周永經過認真的考查，認為汽車修配廠可以做，因為李乙學是遠近聞名的「汽車修理大師」，金明賢也在以前的修配廠做過，自己又懂得管理，三人聯手經營，賺錢應該不成問題。

那時，鄭周永手裡只有七、八百塊錢，買汽車修配廠資金根本就不夠。在他經營米店的時候，認識了一個叫吳潤根的老闆，他經常從吳老闆那裡賒糧食，從來就沒有差過帳，也沒有讓吳老闆催過帳，在吳老闆眼裡，鄭周永是一個講信用的人。當鄭周永向吳老闆借錢時，吳老闆毫不猶豫地借給他三千元。這樣，鄭周永就以三千五百元的價格，盤下了「亞都服務」汽車修配廠。

有了李乙學這個金牌修理師，再加上鄭周永這個經營大師，汽車修配廠的生意自然很好，賺錢是情理之中的事情。

可是鄭周永萬萬沒有想到，在汽車修配廠剛走上正軌不久，由於他的一個不小心，讓汽車修配廠引發了火災。大火不僅把廠子燒得一乾二淨，還燒毀了全部要修理的汽車，使鄭周永不僅傾家蕩產，而且債台高築。

上帝這個玩笑並沒有使堅強的鄭周永屈服，他想從摔倒的地方再爬起來。於是他不得不再一次求吳潤根借給他錢。面對一無所有的鄭周永，吳潤根猶豫了一下，但他還是相信鄭周永是一個有能力講信用的人，於是又借給他三千五百元，支援他東山再起。

當時的法律規定，只有汽車製造廠才有資格做汽車的修理修配，鄭周永根本不可能辦下來汽車修配廠的許可證。他實在沒辦法，只有選擇無照經營了。

無照經營是非法的，鄭周永為了還清自己的債務，只有求警長高抬貴手，手下留情，最後他的真誠感動了警長，警長認為他雖然無照經營，但畢竟是在做利國利民的好事，於是就對他默許了。

當時在漢城已經有幾家較大規模的汽車修配廠，論實力鄭周永根本不是人家的對手，更何況他還不敢正大光明的經營呢！但鄭周永沒有妥協，而是認真地分析對手的優點和缺點，自己決定要對症下藥。

那些修配廠雖然規模大，但服務很差，而且經常欺騙顧客。比如把沒有故障的說成有故障的，把小故障說成大故障，本來三天修完的修十天，故意拖延修理期限，以謀取高額的修理費。

鄭周永針對這些，採取相應的辦法，不僅價錢合理，而且用最短的時間最快的速度最優質的服務為客戶修理汽車，還經常上門服務。這樣很快就贏得了客戶的好評，要修理的車輛，一輛接一輛地開到了他這個沒有營業許可證的小廠。

生意很好，鄭周永並沒有因此成為不幹事的老闆，他白天四處跑業務，晚上回來和工人一起吃住，一起幹活，自己研究汽車的組裝結構和發動機的原理，掌握了汽車內部零部件的構造及其功能。也正因為他親自體驗、操作所學來的汽車專業知識，為他以後能製造自己的汽車打下了堅實的基礎。

正因為鄭周永的努力和節儉，在不到兩年的時間裡，他不但還清了所有的借款，還賺了不少錢。

但是，這時的鄭周永並沒有真正的時來運轉。正當他的修配廠生意興隆之時，日本人又強制性地把他的修配廠吞併了，沒辦法，他只有放棄了。

放棄了汽車修配，鄭周永並沒有放棄自己的事業。他透過以前認識的一個朋友，承包了運礦石的活。他利用賺來的錢購買了汽車，聘請汽車行家金永柱做車隊的負責人，開始了礦石運輸業。

搞礦石運輸也不是一帆風順，因為各種複雜的原因，鄭周永在礦山上受到了礦務所所長的百般刁難，氣得他一點辦法也沒有，只有忍氣吞聲。但一個人的忍耐是有限度的，在合約沒到期的時候，他把合約轉給了他人，放棄了礦石運輸。

儘管當時政治、經濟形勢不穩定，自己又總是在成功的開始時失敗，但鄭周永從來就沒有對自己失去過信心。

有一次，他和母親坐電車遊覽市區。當坐到中央廳前面的時候，他要求母親下車，並對母親說：「媽媽，那就是朝鮮總督府。將來我要成為漢城最有錢的大富翁，住在比總督府更大更豪華的樓房裡。」

母親說：「孩子，村婦的兒子空著手赤裸裸地來到這個人世上，你拿什麼成為漢城最大的富翁，住那麼好的房子？不要做夢了，踏踏實實地過日子吧！」

鄭周永一本正經地說：「不，我一定會成功的。」

那時，鄭周永就不向自己的命運低頭，已經懷有成為企業家、獲得巨大成功的抱負和自信了。

鄭周永說：「成功取決於執著的信念和執著的努力。」他更堅信：只要盡了最大的努力，就沒有辦不成的事情，就沒有達不到的高峰。

富人的成功，其實也簡單，那就是不論在什麼樣的境遇裡，都敢想，敢嘗試，敢去實踐，他能坦然地面對自己的成功，更能坦然地接受自己的失敗，然後在失敗中崛起，直到自己實現自己的目標。

有夢想，就是成功的開始。無論窮人和富人，都可能有自己的夢想。他們之間的區別在於，窮人也可能僅僅是夢想而已，不去做，或者做了以後，一旦失敗，就一蹶不振，舉步不前，他們太害怕失敗，更無法坦然地接受失敗。

世界上總是充滿著各種各樣的天災人禍，它不屬於哪一個人。而且它能給人們帶來意想不到的麻煩，甚至足可以打倒一批人，徹底摧毀他們的意志和夢想。

但同樣是天災人禍，卻可以使另一些人變得更堅強，更清楚地認識世界認識自己，不斷地堅定自己的信心，在成功和失敗的轉變過程中，更加坦然和坦蕩。

這不僅僅是意志的問題，而是自己怎麼做、做到什麼程度的問題。

就拿鄭周永的經歷來說，他在經營自己米店的時候，目的是想賺錢甚至是想賺大錢。

假如他是一個窮人的話，他就會在顧客那裡缺斤少兩，最大限度地傷害客戶的利益來增加自己的利益。在糧米商那裡，能賒則賒，能欠則欠，只要錢到了自己的腰包裡，那就是自己的。窮人認為只有這樣做，才能迅速地致富。

窮人這麼做，其實是在透支自己的信譽，自己在打斷自己的腿，自己在賣自己的血。一個人的命運不是能靠一己之力就能改變的，而是需要有大大小小的配角的幫助和支持，你才能演好命運這齣戲，特別是在自己弱不禁風的時候。

在災難來臨的時候，貧血的人和斷腿的人是跑不遠的。自己的身體不行，別人又不肯攙扶，結果只能是在災難中倒下，人生以失敗的結局拉下帷幕。

富人經營米店，自然就會像鄭周永一樣，以客戶的利益為重，處處為客戶著想，讓客戶自願地把自己的錢放進他的口袋裡，而不是自己伸手從客戶的口袋裡掏錢。他在經營自己生意的同時，也在經營自己的為人。

如果不是在經營米店時，鄭周永給很多人留下講信譽能做事的好印象，那麼就不可能在他買「亞都」汽車修配廠資金不足時，吳潤根能把錢借給他。在他還欠吳潤根的錢沒還，他的家底被大火燒得一乾二淨，窮得只有一屁股債的時候，還能支持他。如果沒有吳潤根的支持，鄭周永什麼事情也做不成，也許就沒有以後的成功了。

但有一點是可以肯定的，那就是吳潤根不可能用錢支持一個坑蒙拐騙沒有信用的人，也就是他不會支持知道自己利益不想別人利益的窮人。

窮人做這件事情，就是做這件事情，不會為下一件事情做準備或者做累積，什麼事情都沒有可持續性，習慣一錘子買賣，所以就不可能有後路。

富人做一件事情，總是能為下面的事情，甚至一生的事情，打下一個好的基礎。不論遇到什麼困難，總是有一條看不見的財富鏈在連接著，所以總會在艱難的時候崛起。

因此可以看出，窮人只能累積有形的財富，而不能累積無形的財富。有形財富的力量是有限的，往往受到時間和空間的限制。富人不但能累積有形的財富，更重要的是他善於累積無形的財富，能贏得很多人的認可，在各種境遇裡都能得到支持和幫助，很多人甘心演他成功劇目裡的配角，使他的成功無限精彩。

如果給窮人和富人同樣一件事情做，比如這件事情就是他們人生中的一個點，那麼他們對這一點做的結果肯定是不一樣的。

窮人能把自己人生的這一點，做成一個陷阱，而且這個陷阱是盡可能地深，使自己深陷其中永遠也爬不出來。

富人能把自己人生的這個點，做成一條直線，而且越做越寬，越做越直，最後這條線能成為通往成功的高速路。

窮人只能把自己做死
富人只願把自己做大

日本投降以後，鄭周永經過慎重的選擇，還是做起了他的老本行——汽車修配。他認真地選好廠址，在漢城中區草洞一〇六號買了一塊好地皮，建立了他的「現代汽車工業社」。

由於判斷準確，此時的南韓汽車數量一時間猛增。也正由於他的地理位置好，再加上他的優質服務，修車的業務開展得相當順利，員工人數由當初的三十餘人發展到上百人，成為汽車修配業的大廠家。

鄭周永並沒有就此滿足，他認為靠汽車修配是不可能實現他那麼大的夢想的。於是，他又把目光轉移到建築行業上。

當然，鄭周永並不是一時頭腦發熱就做的。他認為光復後的南韓正處在百廢待興的時候，很多條件都有利於建築行業的發展，他不能錯過這樣好的時機。

在建築行業，鄭周永是個外行。但是他透過自己從米行做到汽車修配的經驗得知，只要對自己有信心，世界上就沒有學不會的東西。做什麼事情都一樣，只要自己認真投入，勤奮努力，科學管理，真誠守信，一切都會成功的。

鄭周永是不會坐等機會喪失的，他立刻成立了「現代土建社」，憑藉他的個人影響力，當年就爭取到一五三〇萬元的生意。

為了把「現代」這塊牌子做大做強，一九五〇年一月，鄭周永把「現代汽車工業社」與「現代土建社」合二為一，成立「現代建設株式會社」，他自己也成為註冊資金三千萬元的企業法人，拉開了他成為一個真正富人的序幕。

就在鄭周永準備大展宏圖之時，戰爭爆發了。戰爭，幾乎是一切產業的災難，他的企業也在劫難逃。於是他當機立斷，解散工人，把一切資產換成現金，南下釜山。也正是這一個正確的判斷，讓世界上多了一個現代集團。

一九五三年，鄭周永又承建了釜山洛東江高靈橋的修復工程。由於在奪標時考慮不周，又忽略了當時的政治經濟前景，這個工程幾乎使鄭周永陷入到傾家蕩產的地步。

高靈橋總造價為五四七八萬元，工期為二十六個月。因為這是投資計畫中最大的規模，所以鄭周永對這個工程有很大的期待。

由於他的實力的確有限，再加上河水冬夏變化無常，在施工過程中遇到了難以想像的困難，什麼事情都不是很順利，施工進度很緩慢。

最出乎鄭周永意料的是，當時南韓的經濟以迅雷不及掩耳之勢出現了通貨膨脹，一切東西的價格像火上躥一樣瘋長，唯一不長的就是他的總承包款。

禍不單行，鄭周永也一樣。他在陷入高靈橋的工程泥潭欲拔不能的同時，他承建的造幣公司東萊辦公樓工程和乾燥室工程也和高靈橋一樣，赤字達到七千萬元，把以前賺來的錢全部賠進去了，讓鄭周永一時間不知所措。

高靈橋是越做越賠錢，工地上是因欠工資喊著要罷工的工人，家裡和辦公室坐滿了來討債的人。家人見此情況，都勸鄭周永停工不幹了。

鄭周永也知道，這個工程肯定是不賺錢的，而且要賠進去他這麼多年的血汗錢。但面對家人和朋友強烈要求停工的時候，他堅決地說：「你們想砸招牌啊？現在停工就是砸牌子。辦企業要講信譽，失去信譽那麼一切都完了。我想辦一個大韓民國第一的建設實體。這是我多年的夢想，怎麼能輕易地就放棄呢？無論如何也不能放棄，哪怕千難萬險，也要竣工，必須竣工！」

這麼多年來，鄭周永一直有一個這樣的想法，那就是：只要自己不死，健康地活著，即使有挫折、磨難，也不會徹底失敗。

高靈橋不停工，就意味著還要不斷地往裡面賠錢，而且還不是一星半點。這時他已經實在沒辦法了，能做的就是變賣自己的家產。

弟弟順永賣了三仙洞的二十平方米的瓦房，妹夫金永柱賣了敦岩洞終點附近的二十平方米的瓦房，他自己也賣掉了草洞汽車修配廠的地皮，就這樣東湊西湊，湊夠了九九七〇萬元，又重新投入到高靈橋上。但是，這些錢還是不夠的，只能四處去借，有時甚至借了一八%的高利貸。即使這樣，他也決不偷工減料，確保自己做的工程永遠是優質工程。

高靈橋竣工了。大橋的預算金額為五四七八萬元，赤字六五〇〇萬元。工程款結算以後，鄭周永狼狽到連設備都無法從工地搬走的地步。討債的人成群結隊。

在這個工程上，鄭周永的確是輸了，幾乎是輸得一無所有。他把失敗的原因歸結為自己缺乏經驗，一切的責任都是自己的責任。他認為賠得值，自己學到了很多東西，只是學費高了點。

鄭周永雖然賠了以前賺來的一切，但他也贏了。他的義舉贏得了社會對他的人品以及對他的工程的認可。就連同行也對他的行為表示欽佩。新聞媒體對他的職業道德敬業精神給予了高度的評價，世人也認為他是最可靠的建設者。

內務府鑒於鄭周永在高靈橋的優異表現，授予他承擔政府工程的很多特權，並承諾在重大的工程上優先考慮鄭周永的要求，所以他在以後激烈的競爭中承攬政府工程就沒有遇到太大的困難。

高靈橋讓鄭周永元氣大傷，一時半會也不能緩過來，但他還是樂觀地堅持著，那是因為他有當時有錢人都沒有的東西——那就是成為一個真正富人必須具備的東西——信用，有了全社會都認可的信用，那麼賺錢的機會就會主動地找到他。

因為有信用，沒錢的他得到了「美援」中的大筆貸款。一九五五年，他承攬了嘉昌壩擴建工程，內務府重機廠新建工程，釜山港第四碼頭新建工程。一九五六年又以五・四億元承建了玉山橋工程嘉昌壩第三、第四期擴建工程，江口橋第二、第三期工程，公司因此終於恢復了元氣。

一九五七年九月，鄭周永在漢江人道橋工程投標的激烈競爭中，依靠自己低廉的價格和他在建築行業裡良好的信用，一舉奪標，合約金額高達二・三億元。這作為單一工程，它是繼高靈橋以後規模最大、投資額最多的工程。透過這個工程，鄭周永獲得了四〇%的純利潤。他隨後又獲得了漢江人行橋的第二期、第三期工程，同時還獲得以美元結算的仁川第一船塢的修復工程。

鄭周永的一連串成功，加速了他的事業迅猛發展。一九六四年，「現代建設」年營業額達到了一五・七億元，一九六六年猛增到四〇・六億元，到一九六八年營業額突破了百億元大關，他也開始成為世界上令人矚目的富人了。

鄭周永從一個一無所有的窮孩子，成為一個世界知名的富人，不是一個偶然，而是一個必然。他是從窮人堆裡一步一個腳印地走到富人中間去的。每一個腳印都說明了他永遠是一個真正的富人，無論他有錢還是沒錢。

在鄭周永的《我的現代生涯》一書中，有幾段這樣的話，是值得每一個想成為富人的人思考的。他說：

我經常聽到這樣的話：我有一個能夠成功的項目，就是沒有資金。請你借錢給我吧！

每當這個時候，我就告訴他：

「你缺的不是資本，你缺的是信用。不是說你人品怎麼樣，而是說你還沒有建立起可以借錢給你的信用。所以籌資就比較困難。只要你建立了能夠使事業成功的信用，資金不會成為問題。」

只要得到善良、誠實、正直、值得信賴的評價，就可以拿這個評價作為資本，擴大和發展你的事業。不管是搞商業還是辦企業，有資金更好，沒有資金也沒關係，只要有信用，就可以籌借資金開展事業。這是我在實踐中得到的切身體會。過去說謊的人，說得再正確，人家也只會當是謊言嗤之以鼻。不管是個人還是企業都是這樣。個人樹立信用，可以搞小一些的事業，小一些的事業累積了信用，就可以發展成較大的事業。中小企業發展成大企業，大企業再發展成國際性的跨國企業，都是如此。

有人會懷疑：你身無分文地離家出走，怎麼能空手建起這麼宏偉的事業？在這裡，我要明確地指出：我不是韓國首富，我只是在韓國經濟界、世界經濟界享有聲譽的人。單靠累積錢財，「現代」不可能有今日如此巨大的規模。

鄭周永用他自己的腳步，為下一代人丈量了一個窮人到一個富人的距離，也演繹了窮人到富人由量變到質變的過程。這裡面，幾乎沒什麼天賜地賞的偶然，都是人為的必然。

他的事蹟告訴想成為富人的窮人們，在開始你可以什麼都不具備，只要你善良、正直、勤奮，勇於走出自己不滿意的生活圈子，主動去尋找能讓自己得以發展的平台，兢兢業業地經營自己的信用，經營自己的人生，就一定能取得自己想要的成功。

窮人始終認為，信用是富人講究的東西。自己作為一個窮人，根本就沒有資格或者資本去講。因為自己每走一步都不容易，做每一件事情都很難。有的事情不投機取巧，不滅點良心，自己根本就什麼都得不到，因為自己是贏得起，但絕對是輸不起的。如果再講究那麼多，恐怕自己什麼都得不到了。

很多窮人都是這麼想，也是這麼做的，結果就是自己的一生也沒什麼太大的改變，一直是一個窮人。

富人在自己窮困的時候，甚至在自己一無所有的時候，他知道自己還擁有善良、正直和勤奮。哪怕自己沒事情可做，但他還是努力地做好自己的人品，能讓認識他的人知道他是一個好人，是一個有上進心、值得信賴的人，那麼他就會有好多事情去做，因為別人也願意把事情讓他來做。有了事情做，富人也不會因為事情的好壞、自己能獲得多少利益而去考慮做與不做，量財做事。而是盡心盡力地去做，盡善盡美，精益求精。這不是他有什麼目的性，而是他做事一貫堅持的原則和習慣。

做好人，就會做好一件小事；做好一件小事，就能做好一件大事。人生就是由許多小事和大事組成的，做好了每一件事情，那麼就等於經營好了自己的人生，自己就不可能不成為一個富人。

窮人一直認為只有做大事，才可能發大財，所以就一直尋找做大事情的機會。或者認為自己根本就不具備做事的條件，索性什麼也不去做。那麼，他只有把自己做死，而不可能做大。

第三章：審時度勢

（從窮人到富人的駕駛證）

窮人和富人，在兒時，就會表現出極大的差距，當然這種差距不能用金錢來衡量。窮人與富人兒時的差距存在於他們的意志品質、感知能力和對時代的親和力上。長大以後成為富人的孩子與長大以後成為窮人的孩子在這方面的反差是相當明顯的。

當然，孩子自身的因素除外，家庭因素和成長環境對孩子一生的影響也是至關重要的。「富爸爸」總有讓孩子成為富人的理念，「窮爸爸」總有讓孩子成為窮人的執著。二者可能都是為了孩子以後的發展，但發展的結果絕對不同。

貧窮和富有兩者之間不是固定的，而是相互轉換的。窮人可以轉變成富人，富人也可以轉變成窮人。也正因為窮富之間相互轉換，才會讓我們發現真正的富人和真正的窮人之間的差距。

真正的富人只能一時貧窮，不會一世貧窮；真正的窮人只能一時富有，不會一世富有。貧窮的力量只能讓富人更堅強、堅定，富有只能讓窮人更墮落和無知。

無論是富人還是窮人，他們的人生絕對不會一成不變、一帆風順。這個短暫又漫長的過程中瞬息萬變，富人會逆流而上，窮人會隨波逐流。

從很多窮人和富人的經歷上，我們可以看出，其中他們相互轉變的契機往往是由於生活中某一次突如其來的變故。這變故多是災難性的，它可能把人從天堂拉到了地獄，也可能是把原本就在地獄裡生活的人拖往更深層裡。

富人自然不甘心在地獄裡生活，而要一心一意擺脫窘迫境遇，他們會憑藉著自己心中堅定的信念和頑強的意志力，引發體內巨大的能量，衝破一切阻力，而最終扭轉局面。這是所謂的「逆境出人才」。「逆境出人才」不是絕對的，它往往針對不同的人。逆境是富人前進的階梯，也是窮人的墳墓。

窮人和富人在面對困境時有不同的態度，富人是積極主動地去面對，正視各種各樣的挫折、痛苦和磨難，在絕境中尋找出路。窮人則消極被動地去接受，被迎面而來的外界的不利因素逐漸地擊倒，而失去再站起來的勇氣和力量。

困境只能剝奪富人的財富，但剝奪不了富人的氣質和意志。困境只是讓富人暫時尋不到出路，但絕對不是永遠。然而對於窮人來說，困境不但能奪去他們口袋裡的銀兩，更能擊垮他們的靈魂。困境能切斷窮人所有的路，讓窮人坐以待斃。

原是窮人的人可以變成富人，也可以比以前更加貧窮，關鍵在於如何把握自己。由窮而富，全憑自身，由窮更窮，也是敗給了自己。生活的窘迫，這只是一種外在的客觀因素，是完全可以戰勝和改變的，只要你有富人的理念、魄力、意志。

世界上就有這麼一個人，從小就對金錢無比地執著，從小就希望能成為一個富人，父親也希望他富可敵國，但是他那時卻是不折不扣的窮人。

最終，他以他獨特的方式，用幾乎是天才的方法，讓自己成為一個令世人矚目的富人。這個人就是美國的石油大王約翰・戴・洛克菲勒，他是全世界家喻戶曉、婦孺皆知的人物，他是洛克菲勒財團的創始人。

洛克菲勒在一八六三年建立了第一個煉油廠。一八七〇年與人合作開辦「俄亥俄美孚石油公司」。到一八八〇年的時候，幾乎壟斷了美國的整個石油業，並形成了美國第一大托拉斯壟斷組織。一八九二年，「美孚石油」逐步演變為「美孚石油公司（新澤西）埃克森」，它一度控制了美國最大產業——煉油業九〇%的生產量，在一百多個國家設有分公司，年利潤達幾十億美元，書寫了世界石油的神話。

一九八五年，美國評選對美國社會影響最大的十位企業家，洛克菲勒名列第二。

窮人被別人經營 富人去經營別人

洛克菲勒小的時候，在別人眼裡只不過是個非常普通的孩子，在他身上沒有任何東西使任何人去推測他的前途。可是誰能想到在日後他卻能經營起自己的石油王國，成為石油大王呢！

約翰・戴・洛克菲勒出生於一八三九年七月八日。他的祖籍法國南部，因是哈格諾改革派，為了避免遭到迫害，逃到了德法交界的萊茵河一帶安家，後又移居美國，在美麗富饒的紐約州落戶，過日出而作，日落而息，頗為寧靜的田園生活。這裡的移民多來自英國，由於通婚，到洛克菲勒這一輩人出生的時候，在他們的血統中，至少已有了法、德、英三國的成分。

洛克菲勒的父親大比爾，是個生性好動，性格開朗的人。頭腦靈活，眼光獨到，有強烈的拜金主義思想，信奉哪裡有錢就往哪裡奔的哲學。母親伊萊紮・大衛森・洛克菲勒是一個虔誠的浸禮會教徒。她在洛克菲勒很小的時候，就不厭其煩地向他灌輸基督教教義中勤儉美德的信念，效果顯著。

在父母的帶領下，洛克菲勒家在紐約州搬了好幾個地方，最後在紐約的摩拉維亞鎮安定下來。在這裡，父親大比爾憑藉著自己的聰明和智慧，沒過多久就置下了約十一萬平方米的土地，十多間房屋的房產。洛克菲勒一家在這段日子裡過著幸福的生活。

然而，這種生活在洛克菲勒十一歲這一年宣告結束了。家中所發生的事，給洛克菲勒打下了終身難忘的烙印。家中的女傭控告大比爾強姦了她，有關法庭傳訊大比爾聽候庭審。

另外，大比爾還涉嫌另一起更為嚴重的案子——偷馬案。根據當時的法律，犯了這樣的案子得上絞刑架。

為了避免被捕入獄，大比爾當機立斷，決定三十六計走為上，趕緊逃跑。幸福而寧靜的生活被破壞了，洛克菲勒感到家裡遭受了滅頂之災。

洛克菲勒是美國石油帝國的統帥，是無可非議的富人。年幼時家庭突變，不但沒有葬送他反而造就了他。

洛克菲勒的性格決定他終究將成為一個富人。面對家庭突來的劫難，他有著驚於常人的表現。

大比爾離家外逃，這對洛克菲勒來說本不是一件好事，但從某種程度、某個方面來講它又確確實實是一件好事。因為洛克菲勒在這個過程中養成了適應逆境的韌性和天塌下來無需懼怕的魄力。這些是他日後在商場上拼搏必不可少的內功。

不可否認的事實是，處在困境中，無論是窮人還是富人，都想尋求解脫。但僅有這種想法是遠遠不夠的，關鍵還是要看你是否付諸行動，是否真正地去做，怎樣去做？富人不僅有想法，更有辦法，沒有辦法也會創造辦法。而窮人則只是整天地長吁短歎，怨天尤人，不做一點有實際意義的事。

能夠擺脫困境的富人不是他與生俱來就有這樣的能力，擺脫不了的窮人也不是他缺少這樣的能力。擺脫得了，擺脫不了，這主要不是取決於他們口袋裡的銀兩和票子的多少，而是取決於一個心態問題，也就是你是不是真正地想擺脫。儘管那些仍處在困境裡的窮人口口聲聲地說他們是多麼迫切地想得到擺脫，但是他們卻能夠容忍自己在困境中繼續生活下去，他們對困境還有一定程度的留戀。

擺脫困境最終走出去，這是一個結果，而這個擺脫的過程更是尤為重要的。富人可能因困境而有非常的感悟，進而成為他日後生存和發展的無價之寶，這一點足以證明生活中的困境對於富人來說未必不是一件好事。富人透過它來磨練自己各方面的承受力、忍耐力以及戰鬥能力。窮人在困境中收穫的只有眼淚和歎息，除了抱怨就是詛咒，怨聲載道，別無他法。

現實生活中的人不可能個個都富可敵國，也不可能個個都一貧如洗，但可能都在為錢而工作、奔波、忙碌，都有富甲天下的願望。

想做個富人是好事，但富人先富有的不是口袋而是腦袋。沒錢人有個富腦袋他不會過多久沒有錢的日子，有錢人沒有富腦袋他也過不了幾天有錢的日子。所以，我們只能先使自己的大腦富有，心態富有，才能戰勝使我們成為名副其實的富人之路上的各種困難，比如失業就業問題，比如婚戀家庭問題。

對任何一件事情來講，逃避永遠都不是解決問題的最好辦法，害怕、膽怯、自甘沉淪和墮落更是懦弱者的行為。不要把自己弄得像個烏龜一樣，整天縮著頭躲在龜殼裡，那樣暗無天日。堅強一些，勇敢一些，去戰勝外界的風風雨雨，累積下一些作戰的實際經驗，為攀上人生的巔峰積蓄力量。

大比爾在外逃難，只能有時地偷偷摸摸在半夜裡回家。每次回家，洛克菲勒都要和父親清清楚楚地算一筆帳。

在這裡需要指出的是大比爾對孩子們是十分吝嗇的，尤其是孩子們向他要錢的時候，無論錢用來做什麼，哪怕是交納學校的必要費用，他也一律拒絕。但他在孩子們感到為難的時候，又會採取另外一個補救的措施，那就是採用勞動補償法給錢。所以洛克菲勒家中的任何一項勞動，都有一定的標準，做到什麼程度，就給相對應的錢。

這也是大比爾想讓兒子成為富人的教育方法。富人首先是應該有錢的，但真正的富人的錢是來自他的勞動或者智慧，別無他法。因為富人是駕馭錢而不是被錢駕馭，所以他必須真正地認識瞭解錢，知道錢應該怎樣來，更應該怎樣去。

洛克菲勒向父親攤開了他的帳本，那本子上詳細地記錄著他何時在田裡工作多少小時，是種馬鈴薯還是玉米，是擠牛奶還是割麥草都一清二楚，然後父親又以一小時三角七分的價錢把工資付給他。隨後洛克菲勒照例把他得到的錢存起來。

在幾個孩子當中，洛克菲勒頗得大比爾的賞識，父子倆經常會談點生意。例如把什麼商品在市場上賣掉以後，父親要支付給兒子多少傭金的問題。這時候，大比爾總會顯示出一副非常狡猾，分毫必爭的樣子。而洛克菲勒也是不甘示弱，他會使出渾身解數，盡可能地從父親那裡多摳出一些錢來。

這些都是大比爾對洛克菲勒所進行的專門訓練。大比爾看清了在美國這個社會金錢的重要性，所以他要洛克菲勒從小就學習對金錢的經營，並取得了非常顯著的成效，最突出的表現在以下兩件事情上。

一次，大比爾問兒子，瓷罐裡有多少錢。洛克菲勒說已經有五十元了，但是他把這些錢全部貸給了附近的農民，利息為七・五%。結果第二年在五十元的基礎上，洛克菲勒又多了三・

七五元。

還有一次，大比爾看見妻子正把洛克菲勒綁在柱子上狠狠地打。原來是洛克菲勒在樹林裡意外地發現了火雞的窩，於是他便在附近埋伏。當發現大火雞暫時離開去覓食時，就輕輕地跑過去，把小火雞抱回家。他把那些小火雞關在自己的房間裡精心地飼養，等到感恩節的時候，拿出來賣給附近的農民，從中賺了一筆錢。

洛克菲勒的母親是個虔誠的浸禮會教徒，她認為兒子這樣做褻瀆了神靈，所以一定要接受懲罰。但大比爾卻不這樣看，相反的，他對兒子的做法極為讚賞，他斷定洛克菲勒日後的成就一定會超過自己許多。

洛克菲勒的舉止肯定會被我們當中的許多人認為是荒唐或者是庸俗，認為他小小年紀就為著金錢計較是個十足的金錢至上者或是個葛朗台式的唯利是圖的傢伙。

無論怎樣看待洛克菲勒都是無關緊要的事情，但有一點我們必須得承認，那就是我們沒有像比爾・蓋茲一樣打造一個軟體帝國或者像洛克菲勒一樣打造一個石油帝國。

窮人可以出生在富有的家庭，甚至在錢堆裡過著富足的生活，這樣的人在歷史上和現在都大有人在。他們大把大把地花錢，卻不知道錢是從哪裡來，就算他們知道，也僅僅知道是從父母的口袋裡來。

這樣的人即使有錢，也不是富人，僅僅是個錢的奴隸而已。錢，只能使他們越來越貧窮，而不是讓他們越來越富有，哪怕他們還在過著富人的生活。

洛克菲勒從小就知道，錢來自自己的勞動或是自己的智慧，換言之，就是他懂得尋找金錢的源泉。一旦這個金錢的「泉眼」被挖大，隨之而來的金錢就會形成小溪、大河、大海甚至汪洋。他的眼睛經過磨練能看到沙子裡的黃金，他的手經過打造也會成為「點金棍」。

大比爾的預言最終成了事實。洛克菲勒憑藉著從小就養成的富人最應具備的經營意識，在以後的發展中不斷地健全自己的經營手法，終於經營起了自己的石油帝國。

我們常常以一個人擁有財富的多少、社會地位的高低來劃分窮人和富人，其實這是錯誤的。富人和窮人的劃分在內在上，要看他的意志品格，思想境界，意識形態，心胸和魄力。在手法上區分就看他是否會經營，是否善於經營，經營的手法如何。

在商品經濟時代，在市場決定一切的時代，這在某種程度上就要求每個人都要有審時度勢的頭腦與眼光。有句話說得好：「你能看多遠，你便能走多遠。」一個公司的成長，需要規劃經營，一個人的成長，也需要規劃經營。會規劃會經營的人在社會市場化中可能由窮人變成富人，但不會規劃和經營的人，一定是個窮人，即使他原本是一個富人，也會變成一個窮人。

窮人要想成為真正的富人，僅靠努力工作是不行的，他必須要有經營的意識，經營的理念，並逐漸地掌握各種經營的技巧，也就是說自己必須懂得經營，會經營。

窮人之所以成為窮人，因為他不會經營自己，更不會經營別人，只能讓自己成為別人經營的對象，也習慣於被別人經營、安排。

企業好不好，關鍵在領導；學好數理化，不如有個好爸爸。在潛意識中，窮人首先是放棄了對自己的經營權，走公司、集團、別人給自己規定好的路，使自己淪為奴才而不是帥才。

窮人往往會成為富人的經營對象，成為富人賺錢的工具。窮人並不是對此無動於衷，認為這是剝削壓迫甚至是敲詐，然而窮人不承認自己不會經營，把自己被經營歸罪到環境、社會、人際關係等因素上，進而弱化了自己的地位和主觀積極性。窮人不懂得經營，害怕經營，往往會使自己淪為富人棋盤上的棋子。

富人因會經營，是小努力大收穫，而窮人則因不會經營，是大努力小收穫。窮人因不會經營，喜歡有一個固定的職業，有一份固定的收入，銀行裡有個固定的帳號，因為喜歡這個「固定」，所以寧可在鹽山裡挖金子。富人因會經營敢經營，能看準商機抓住商機，即使是空手套白狼，也能賺個盆滿缽盈。

「經營」究竟是怎樣一個概念呢？詳細地說是指統籌並管理，也泛指計畫和組織。它是一個大而無邊的理念，它可以包括這世間的一切。婚姻需要經營，愛情需要經營，而對自身更需要一種經營。自己能否成功，關鍵是看你怎樣經營。

既然是經營，就不應該是盲目的，而是應該想盡方法地去符合時代的要求，符合時代的需要。經營的方向應該是全方位的，有著東方不亮西方亮的思想準備。

富人作為一個優秀的經營者是肯於冒險和創新的，沒有機會創造機會，有機會利用機會，總之不會錯過任何一個發展壯大的機會。正是因為許多窮人不善於經營，不懂得經營，所以他們總是輕易地就放棄了奮鬥的目標，無所作為地度過一生。看到別人發財眼紅，自己卻永遠坐以待斃。不是他們不渴望變得更好，而是他們太缺少經營的理念了。

在滾滾經濟大潮中，為了不讓這樣的悲劇重複上演，富人和窮人都應該深深地感悟經營。富人在感悟中更富，窮人在感悟中大徹大悟。會經營的更好地經營，不會經營的就必須要學習經營，並在經營中逐漸地累積自己實戰的本領。

經營是指綜合素質化作的一種能力，這種能力具體表現在：在將來的社會中你如何以獨特的眼光捕捉到發展的機遇，進而緊緊地抓住，然後憑藉自身的素質和能力，運用語言技巧、交際能力等一連串手段把這一機遇所帶來的及它潛在的一切益處最大限度地發揮出來。

這樣做一次，可能離成功還有很遠的距離，可是把許多次累積起來，就是一個不斷縮小距離的過程。

窮人在乎賺錢的多少
富人在乎賺錢的方法

大比爾厭倦了逃亡在外、有家難回的日子，於是他決定把家人從熟人太多的摩拉維亞鎮搬走。洛克菲勒及家人先後在幾個地方做過短暫的逗留，最後決定在新開拓的俄亥俄州伊利湖畔的斯壯比爾鎮安定下來。

洛克菲勒從小就受父親的影響，他除了對父親充滿崇敬和愛以外，對父親灌輸給他的處世哲學也深以為然，那就是錢的重要性和商業意識。

大比爾所擁有的一切都是靠自己的努力和奮鬥得來的，所以他認為人生這一輩子靠誰也不行，只有自己才是最可信賴的。人生中只有錢才是最重要的，除了錢以外還是錢！錢！錢！尤其是在美國這樣的社會中，更是離不開錢。人若想有錢，最簡單的一條路就是做生意，而做生意要趁早，過了這個村就沒有這個店了。

大比爾的這種思想雖有失偏頗，但也可以稱得上是為人處世生存奮鬥的至理。「人生中只有錢最重要」這句話雖不恰當，但從某種程度上講卻也可算得上是一個事實，尤其是在今天這個商品化的社會中，錢更被提升到一個非常高的位置上。金錢不是萬能的，但沒有錢卻是萬萬不能的。

洛克菲勒正是因為知道了錢在美國的作用，所以他才能在不斷地發展和完善自己的過程中成長為富可敵國的富翁。

洛克菲勒的成長過程中，父親具有不可低估的作用。但是，父親還不僅僅告訴他錢的重要性及作用。

約翰・戴・洛克菲勒在晚年回憶當他還是一個孩童的時候，父親經常和他玩一種遊戲：洛克菲勒縱身從高椅上跳入父親的懷中。可是有一次，父親卻並沒有張開雙臂接他，結果他跌坐在了地上。父親當時就非常嚴峻地告訴他不要輕易相信任何人。

這件事給洛克菲勒的一生留下了極為深刻的印象。他從中明白了作為一個商人的信條：不能輕信別人，但又要言而有信，使自己取信於別人。

一八五五年，洛克菲勒十五歲的時候，他放棄了高中二年級的學業，決定到商海中闖蕩。美國人與華人不同，父母一般不太干涉孩子的事情。洛克菲勒家也是如此。

在當時的俄亥俄州有幾所大學，但開設的都是非常專業的課程，再加上大學本身所具有的優越意識太濃，除非是資本家或是特權階級的子弟，一般家庭的孩子都只能念到高中畢業。

洛克菲勒在離開學校以後，進了一所學程為三個月的商業專科學校。三個月的速成教育，洛克菲勒認真地學習了會計學及銀行學的基礎知識，之後就出去尋找工作了。經過一段時間以後，找到一家叫休威・泰德的公司。這是一家兼營貨運業的中盤商。洛克菲勒的工作是會計助理。

洛克菲勒深知儀表在社會中不容忽視的重要作用。他穿著非常得體的牛仔褲，背心掛著一根時髦的金錶鏈，頭戴一頂流行的絲織高帽，舉止沉著嫻雅又氣派十足。洛克菲勒對人更是彬彬有禮。洛克菲勒雖然很年輕，但他對工作的熟練程度，使得誰都不會把他當成一個商場的新手來看待，儘管他只經過三個月的專門訓練。

洛克菲勒把公司的帳總是記得清清楚楚，從沒有出現過任何差錯。出色的工作開始讓別人對他刮目相看，更贏得了老闆及其他員工對他的大力讚賞。在做好本職工作外，洛克菲勒還自己準備了一個帳本，以便記錄各種費用的支出。

洛克菲勒之所以這樣認真而且負責，一方面是天性使然，他喜歡做一件事情就把它做好。另一方面他更是想把公司當作磨練自己做生意的教室。

每當老闆談到有關公司生意方面的問題時，洛克菲勒都認真地側耳傾聽，仔細琢磨每個字、每句話會給生意帶來哪些利處，哪些弊處，然後得出經驗，牢牢地記在心裡。洛克菲勒不放過任何一個學習經商的機會，日後他把進入休威・泰德公司所學到的心得用於商戰之中，更是如魚得水，逢凶化吉。

貧窮才是萬惡之本，誰也沒有理由貧窮，誰也沒有理由讓你貧窮。然而，事實上，世界上的確是存在著很多窮人。在去掉許多難以抗拒的因素外，如戰爭、天災、人禍等，窮人是否還錯過了許多發財的機會？是否把許多的機會讓給了別人？

窮人總是很貪婪，總是想著一夜暴富。但是，財富於人而言，就像是星星之火，也只有把握住星星之火，才能形成燎原之勢。在這個過程中，富人總是比窮人更有耐心和毅力。

在現實的社會中，存在著窮人特別「大方」，富人特別「小氣」的現象。越是窮人越不把錢當回事，在沒有必要的投資上總是很慷慨，害怕別人說自己窮。富人在沒有必要的投資上是非常計較的，絕對不會讓花出去的錢沒有作用。這也是窮人和富人之間的差別，富人比窮人更看重錢的原因。

錢不是罪惡之根，人的邪惡欲望才是萬惡之本。錢是有力量的，它的力量所表現出的善與惡是人為的。鄙視金錢的人只有兩種：一種是賺不到錢的窮人，另一種是錢多得不知其數的富人。

窮人在沒錢的時候會打工，富人在沒錢的時候也會給別人打工。

一個窮人和一個富人即使是在同一家公司裡打工，二者的目的也是不同的。如果是一個窮人，他會在乎薪水的高低，這是他在這個公司打工的唯一目的。如果公司給他的薪水能令他滿意，他會把這個公司當作是自己生命的依靠。

即使窮人把公司當作生命的依靠，也絕對不是主人翁責任感的那種，他會把所有的心思放在如何在公司長久地待下去上面。拉幫結派，勾心鬥角，對上司極盡溜鬚拍馬、抱粗腿、捧臭腳，順風接屁之能事。人前是好好先生，人後是長嘴婆娘，全公司除他之外沒有好人。這樣的人為了自己的利益是分毫必爭，對工作是偷奸耍滑，把自己的所有精力全放在爭權奪利，打擊異己上。這樣的人在很多公司都存在著。這種心胸狹隘，自私自利的人永遠也不會有大的發展，更不會成為真正的富人，充其量也就是一根攪屎的棍子。

富人也上班，但他不會把自己的一生全部託付給一家公司，可是他對公司是絕對忠誠的。只要他在這個公司裡待一天，他就會對公司盡一份責任，把自己所有的才華和智慧全部用於公司的發展壯大之上。

這樣的人絕對不是為了賺錢而工作，透過工作而賺錢的。他會把公司當成一個平台，透過這個平台瞭解這個行業如何運作，怎樣才能更好地運作。他會認真瞭解運作這個行業的每一個環節，每一道程序。

世上無難事，只怕有心人。富人首先是個有心人，用心人。他不僅僅把錢看作財富，更把賺錢的辦法看作財富。

窮人上班是在尋找錢，富人上班不僅是在賺錢更是為了尋找和發現賺錢的辦法。

窮人是甘心打一輩子工的，賺一輩子省心省事的「有限」的錢，所以這樣的人只在乎能拿多少錢，他所在的公司福利如何。只要這個公司能滿足他的要求，無論這一行業發展前景如何，這個公司存在著什麼樣的危機，他都不會關心。

富人不會老死在一個地方，只要他在這個地方學不到新的東西，這個行業沒有可挖掘的潛力和前途，他就不會再做下去。只要他有了一定數目的資金，他就會離開這個公司，另起爐灶，或者去從事更有潛力更有前途的事業。

窮人選擇走死路
富人選擇走活路

洛克菲勒在休威・泰德公司憑藉著超凡的經商才能，為公司創下了很高的利潤，但當他要求老闆將他的年薪由五百美元增加到八百美元的時候，遭到了拒絕。於是他辭掉了工作，開始與克拉克合股經商。

在商業經營中，一個成功的經營者他首先應該具備能夠用錢賺錢的能力，也就是說，有了一定數量的錢，再加上合理有效的支配、利用，進而獲得更多的錢。怎樣合理地運用和支配手中現有的錢，這是對一個經營者才能和智慧的考驗。然而，中國有句俗語說得好：「巧婦難為無米之炊。」一個經營者，縱使你有再強的經營能力，但手中分文沒有，你怎樣去支配和利用？一切不都成了空中樓閣嗎？

所以，在商務運作過程中，一個最基本的工作，就應該是資金的籌措問題，也就是說做生意一定要有本錢。生意越大，所要的本錢也就越大，這是誰都知道的。就商務運作的實際情況來看，最好的莫過於有多大的本錢做多大的生意，或者是想做多大的生意就先去儘量籌措多大的本錢。就一般人而言，手中分文沒有，是絕對不敢去做生意的，但洛克菲勒是個例外。

在克拉克提出雙方各出二千美元作為啟動資金的時候，空心大老倌的洛克菲勒還擺出了一副滿不在乎的樣子說：「是不是少了一點？」然後趕緊跑去找父親，請求提前支付答應到他二十一歲時給他一千美元遺產的許諾。因為洛克菲勒離二十一歲還有十六個月的時間，最後父子倆達成了協定，洛克菲勒以一〇%的年利息提前拿走一千美元。

在華人的世界，傳統商人有以「一文錢創天下的志向和能力」一說，也就是說靠自己一文錢一文錢地累積原始資金，到一定程度以後，再發展事業。這不失為一條走向成功的途徑，但它無疑是個相當漫長的過程，而且其中的許多損失是無法估量的。像洛克菲勒一樣，跳過最初資金累積的階段，而直接從經營入手，這不失為一條捷徑。

沒有一個窮人是甘於貧窮的，但是他們都能為自己的貧窮找到各種各樣的理由。因為這些理由確實存在，那麼這些窮人就有理由一直窮下去。

並不是所有的窮人都一無是處，他們可能是很有才華，很有學識的人。富人並不是全身都是閃光點，也不一定有很高的學識，但是他們有一點是相同的，他們善於尋找解決問題的辦法。

現在所有的人都知道，普通人如果想富有，是離不開經商的。窮人也想經商，窮人經商成敗不說，他們面對第一個難題就是資金的籌措問題。籌措資金的管道很多，比如個人的存款，向銀行貸款，向熟人籌借。

富人和窮人做生意，最根本的區別就是心態的問題。富人做生意認為風險是正常的，賺錢是努力的結果，賠錢也是情理之中的事情，他在乎的往往是經商的過程，很少考慮結果，因為他認為只要過程不出現失誤，結果也不會出人意料，這樣他才敢投資，投資的方向往往不會錯。

窮人做生意特別注重結果，把成敗得失看得比什麼都重要，懷著想賺怕賠的心態戰戰兢兢的，做哪一件事情都是如履薄冰，背著沉重的心理包袱。這樣的人，在商場中更容易吃虧上當，更無法自如地施展自己的手腳。也正因為窮人有這樣的心態，想賺錢又害怕風險，想投資又害怕賠本，很多時候還是選擇放棄。即使做了，如果失敗了，也不會從頭再來。

洛克菲勒與克拉克合夥開的公司是做穀物和牧草生意的，他們兩個其實都是窮光蛋，所有的資金放在一起才四千美元，等於是在做買空賣空的勾當。風調雨順，收成好的時候，農民把穀物和牧草等產品拿來，洛克菲勒和克拉克想著法子倒來倒去，不僅生意可以做下去，還能從中賺一些小錢，可是若遇到災年，他們的運氣可就沒有這麼好了。

洛克菲勒十九歲這一年，公司開業還沒有多久，美國中西部的農業區遭到了霜害，農作物幾乎沒有收成，公司更是沒有生意可做，同行有許多公司紛紛倒閉了。克拉克看在眼裡，急在心中，不知該怎麼辦才好。

這時，有不少農民找上門來，要求用來年的穀物收入作抵押，請求支付定金，條件對公司相當有利，但棘手的問題是，洛克菲勒和克拉克到哪裡去弄來這麼一筆龐大的資金呢？

克拉克急得像是熱鍋上的螞蟻團團轉，洛克菲勒對他的這種表現不屑一顧，自己想辦法籌措資金去了。洛克菲勒從小就培養練就出了獨到的眼光，一眼看上去就能分辨出什麼生意能做什麼生意不能做。對於眼前的形勢，他一下就嗅出了發財的味道。

在克利夫蘭有一位頗具聲望的銀行家叫漢迪的先生，他與洛克菲勒都是虔誠的浸禮會教會的教徒，平日裡志同道合，洛克菲勒決定去找他幫忙。

聽了洛克菲勒開誠布公的請求貸款，拯救農民的高談闊論後，漢迪先生表示了同情。這位精明的銀行家，終於生平第一次破例，在沒有任何抵押品，甚至連貨物證券也沒有一張的情況下，憑著對朋友的信任，以「聖父、聖子、聖靈」的名義，貸了二千美元給他。

洛克菲勒思路敏銳，手腕高明，只要他看準了一件事情，準備要做，便會積極地調動一切可以利用的因素，不達目的，誓不甘休。

洛克菲勒是個名副其實的富人，哪怕是在年紀輕輕一無所有的十九歲。手裡沒有錢，卻能種下一棵搖錢樹，種下一棵招引金鳳凰的梧桐。

這也是窮人與富人的差距。如果是位窮人，送給他一塊金磚，他也只能是用這塊金磚去打兔子，為了吃一頓兔肉。

只要是英雄漢，就不會被一文錢難住。窮人是沒想法更沒辦法，富人是有想法，更有辦法。

洛克菲勒從漢迪先生那裡貸來了二千美元，大他十一歲，來自英國威爾士的克拉克再也不敢高傲自大，擺老資格地以老大自居了。洛克菲勒領導著克拉克經過努力，公司第一年的營業額就達到了四、五萬，獲純利四千美元。

富人能在「銅錢眼裡翻跟斗」，他們能根據自己面對的實際情況，靈活選擇自己的對策，不失時機地開創自己的事業。事業的開創既是一種資金、實力的較量，更是一種智慧的較量。

白手起家的富人，起家的資本得來很大程度上就是依靠智慧，依靠精明的頭腦和靈活的手腕。一個成功的富人總是能夠憑藉自己的聰明智慧為自己聚積起創業的資本。

不僅僅是做生意，做任何一件事情，首先都需要有一定的資本。因為只有有了資本，才能進行運作。

那麼怎樣才能使自己擁有資本呢？方法不外乎兩種：一種就是最原始的那種方法，一點一點地累積；另外一種就像洛克菲勒一樣，利用他人累積自己的資本。兩種方法各有利弊。

前一種方法穩妥，不承擔多大的風險，所以生活中大多數窮人多是採取這種方法。很多人剛剛踏入社會之時，如果沒有特殊的家庭背景，都是依靠自己辛勤的工作累積資本，這種累積的方法是異常辛苦而漫長的。在累積的過程中，自然會損失人的激情，扼殺人的創造衝動，培養人的惰性，同時又會錯過許多的機會。即使最後累積到了一定程度，誰又能有多大的魄力把自己辛苦累積下來的資本進行風險投資呢？除非有百分之百或者百分之二百的把握有回報，事實上這種機遇又有多少呢？

社會和時代是逐漸進步和發展的，而且速度是驚人的。一個人累積的資本總是要隨之不斷地變化。一種可能是你永遠都在累積，永遠也累積不完，這樣，你又如何去創業？正因為這種情況，許多人一生中都不能真正地富有起來。

富人在資本累積上遠遠比窮人聰明，富人的聰明所在就是他敢利用能利用的，調動他能調動的關係、資金為他所用。借雞下蛋、借殼上市都是富人慣用的招數。富人也善於聯合，眾人拾柴火焰高，十根筷子折不斷。他們會利用自己的智慧和眾人的力量把風險化解到最小的程度，即使是失敗了，也不會大傷元氣。

窮人和富人在都沒有錢的時候，所面對的一切都是一樣的。身上的枷鎖，腳上的鐵鐐分量是相等的，只是二者的心態不一樣而已。窮人或者是認命，或者是等待，或者向前蝸行。富人則想盡一切辦法，去掉自身的牽絆，輕裝上陣。

窮人要的是小而康
富人要的是大而豪

其實，洛克菲勒與克拉克並非志同道合的人，克拉克是來自英國威爾士的移民，年紀比洛克菲勒大十一歲。

兩個人無論從民族、血統、性格、年齡上都存在著很大的差異。由於那時英國非常強大，號稱「日不落帝國」，克拉克本人也因為自己曾經是英國人而高傲自大，喜歡擺老資格，做事剛愎自用並且好為人師，張口就是大英帝國如何優秀，閉口就是歐洲怎樣先進，根本不把窮小子洛克菲勒放在眼裡。

克拉克那種天生貴族的性格誰都受不了，更不要說精明的洛克菲勒了。可是，洛克菲勒並沒有因此和克拉克散伙，因為他知道自己在資金上並不佔優勢，再加上創業初始，如果與克拉克分開自己更加薄弱，什麼事都做不成。於是他就忍了下來，甘願在公司裡充當老二。

他們的公司並不大，與其叫做公司，不如叫小店，實際上也是小店。由於人員少，資金弱，只能做些小本生意賺些小錢。當然，洛克菲勒並不滿足於此，更不甘心聽克拉克瞎指揮。他在尋找機會，想讓克拉克真正明白，他才是最有資格做老大的人。

洛克菲勒用事實證明瞭這一點。（前面提到了向漢迪貸款，給農民做抵押金，以收購來年的穀物。）

合夥開公司做生意的人很多，但做得好的卻比較少，能夠做大的更是寥寥無幾。這其中的原因，主要是取決於不同的人。

兩個窮人是不能合夥的，窮人都有窮人的心理，自私、猜疑、陰損、狹隘是窮人心理的主要特徵。兩個窮人無論以前多麼要好，只要有了利益之爭，就會不顧一切地扯後腿、內訌，甚至對簿公堂。不但做不了生意，連朋友也做不成了。

窮人顯著的特點就是寧可讓陌生人富，也不能讓自己的親戚、朋友、合夥人比自己富。為了不讓這些人賺到錢，自己可以出賣良心、朋友、機密，反正什麼招損就使什麼招。損人利己的事做，損人不利己的事也做。什麼事都能接受，就是不能接受熟悉的人比自己富。

窮人都認為自己最聰明，最有本事。人中充老大，手中要有權。為了手裡那點權力，嫉賢妒能，剛愎自用。寧可不賺錢，也要維護手中權。聽不得半點不同的意見，與自己合不來的人哪怕再有本事，哪怕他給公司創造天大的利潤，也要殺之而後快。

窮人是做不了生意的，更做不了大生意。如果賺到了錢，就不擇手段地往自己手裡撈。如果虧了本，就拼命地推卸責任。功勞都是自己的，錯誤都是他人的。

窮人自己的毛病很多很多，這也是其貧窮的根本原因所在。

洛克菲勒是個富人，他雖然看不起克拉克，也就做到心知肚明算了。但是他沒有隨波逐流，洛克菲勒知道自己如果讓克拉克一個人說了算，那麼公司除了虧本倒閉就再沒有別的路可走了。他沒有扯後腿、搗亂，而是發揮出了他的聰明才智，利用自己的實力，做出了漂亮的事情，讓事實告訴克拉克該退居二位了，他才是真正的老大。

老大不僅僅是身分和地位的象徵，更多的是一種責任。

洛克菲勒是位出色的富人，這樣富人的鼻子能嗅到十公里以外黃金的味道。由於他研究政治，關心政治，預感南北戰爭即將開始，便立即付諸行動，要向銀行大量貸款，囤積貨物。

克拉克當然看不到這一點，他僅看到市面蕭條，經濟疲軟。在他看來，這時候還向銀行貸款購物的人，不是瘋了就是神經分裂，因為誰也不會買你的貨，除非你把貨賣給鬼，到時候恐怕連鬼都沒錢。

洛克菲勒手中握有公司的決定權，果斷地運用權力向銀行辦理貸款。老朋友漢迪也知道洛克菲勒是個商業奇才，這樣的人不會錯過任何一個賺大錢的機會，更不會做虧本的生意，所以又一次把錢借給了他。

有了錢，洛克菲勒親自督戰，馬不停蹄地進行瘋狂的採購，把市面行情低落的鹽、高級火腿、鐵礦石、穀物糧食、棉花等戰爭必用品，盡全力統統吃進。

洛克菲勒如戰爭指揮家，指揮著他的購物大軍分秒必爭地利用手裡的資金瘋狂地囤積貨物。當他的貨物全部準備好了之後，戰爭也隨即打響。戰爭的範圍越來越大。

歐洲正好發生了寒災，農產品價格一下子提高了許多。老天又助洛克菲勒，原打算可以賺三倍的利潤又多出了一倍。

窮人做生意，富人也做生意，二者都想賺錢。窮人有窮人的辦法，富人有富人的主意，二者的手法有著本質上的不同。

窮人做生意，眼睛盯著的是手裡的算盤和手裡的銀子。兩耳不聞窗外事，一心只念金錢經，這樣的人在商場中只能算得上是菜鳥級別的，在棋局中只能是臭棋簍子。只在乎一兵一卒的得失，只盤算腳下的一步，想殺對手又怕傷自己，患得患失。

富人做生意，眼睛盯的是全國甚至是全世界，考慮的是時局發展之必然。胸裝天下事，一葉知春秋。這樣的人運籌帷幄，決勝千里，不在乎一車一炮的得失，搶時機，占有利地勢，控制全局，要的是結果的勝利。

做生意，首先做一個富人，然後再去做生意才行。

洛克菲勒瞭解克拉克，知道他並不是一個真正的富人，他缺少富人應具有的魅力和魄力，更沒有富人的頭腦和胸懷。這樣的人，只能適合做些倒買倒賣的小本生意，過撐不死餓不著的日子。

即使這樣，洛克菲勒還是沒有與克拉克分手，他在等待時機。

一八九五年八月二十七日，位於賓州西北部產油河邊上的泰塔斯維爾鎮傳出了驚人的消息，在這個距克利夫蘭不遠的鎮上鑽出了石油，這個發現實在是太重要了。不過當時的人們好像還沒有注意到它會給人類社會歷史帶來多麼巨大的影響。

在那個年代裡，人們用的主要照明工具是蠟燭，原料來源取自海中的鯨魚。但由於長時間的濫殺濫捕，鯨魚的數量開始一天天地減少，到最後已經很難捕到了。人們從歐洲傳來的知識中知道了石油可以精煉成照明用油取代蠟燭，而泰塔斯維爾鎮鑽到了石油的喜訊給了人們極大的鼓舞。

當時的移民猶如當今中國的民工，一旦嗅到什麼地方有發財的機會，便不分青紅皂白地蜂擁而至，泰塔斯維爾鎮的石油使得千千萬萬的人，爭先恐後地向賓州擠來。

做事一向喜歡先發制人的洛克菲勒也感受到了石油開採給美國帶來的震撼。在其後爆發的南北戰爭中，洛克菲勒不失時機地大發其財。但就眼前的情況而言，儘管洛克菲勒深切地知道，又一次發財的機會已經來臨，但他更明白，發財的時機尚未成熟。洛克菲勒不是一個趕潮流的人，於是決定還是冷眼旁觀一段時間方為上策。

安德魯斯是個化學家，他在聽說泰塔斯維爾鎮鑽出了石油以後，馬上取了原油樣品，開始進行各種實驗。皇天不負有心人，安德魯斯的實驗終於取得了突破性的進展。實驗結果告訴他：從石油中提煉出來的燈油，遠勝過煤炭液化油，用亞硫酸氣來精煉石油，更成為他獨創的秘密武器。

安德魯斯有技術，但沒有資金。沒有資金，任何發財的機會都會擦肩而過。他想到了克拉克，想與他合作。

克拉克充其量也就是個有錢的窮人，想賺錢又害怕賠本，一時間猶豫不決。安德魯斯後來聽說洛克菲勒才是公司的決策人，便想找洛克菲勒，克拉克又擔心自己錯過這個發財的機會，萬不得已表示他和洛克菲勒出資二五〇元給安德魯斯。

二五〇元能解決什麼問題？安德魯斯直接找到了洛克菲勒。洛克菲勒早就把目光盯上了石油，但他知道現在並不是直接參與的最好時機，他又知道安德魯斯絕對是他的搖錢樹。於是他就想出了一個折衷的辦法，答應出資四千美元給他成立「安德魯斯・克拉克公司」。

安德魯斯也因此瞭解了洛克菲勒，覺得洛克菲勒與克拉克相比，前者才是真正的活財神，更具有帝王的氣質，是他日後更好的合作夥伴。

洛克菲勒儘管沒有加入到石油行列，但他時時關注著石油。他親自奔往產油地，進行實地考察，作了多次悄無聲息的調查，得到很多真實可靠的資料，對石油的前景有了更明確的估計。

由於人們都盲目地大量開採石油，造成供大於求，石油市場價格下跌。對此，克拉克沒有想到，一時間不知如何是好，惶惶不可終日。

富人總是該出手時就出手。洛克菲勒預料到石油工業騰飛的時刻即將來臨，於是便以七二五〇〇美元的價錢，買下了他當初花四〇〇〇美元開辦的公司，並把不能成大事的克拉克逐了出去。

一個窮人和一個富人不可能長期合作，這是由於他們之間存在著不可彌補的差距決定的。

窮人可以和富人共患難，但絕對不能與富人有福同享。窮人追求的是小而康，他們對財富的承載能力是極其有限的，窮人的氣質使他走不出窮人的樊籬，不會有更大的發展和更高的追求。

這樣的人在公司發展到一定程度時，就會給公司增加不必要的麻煩，他的地位和財富已經讓他不能過正常人的生活。

富人追求的是大而豪，他對財富的承載能力是不可估計的。當他的財富累積到一定程度、一定數量時，他就會點燃財富的引信，財富就會爆發出更大的威力。

洛克菲勒知道他的事業少不了合作，但這時他對合作夥伴提出了更高的要求。他想起了佛拉格勒。

佛拉格勒是一個經商奇才，可以說與洛克菲勒志同道合，二人都看出了石油不可估量的前景。判斷相同，魄力相當，兩個人一拍即合，立刻成立了「洛克菲勒．安德魯斯．佛拉格勒」公司，開始了石油帝國的創建。

佛拉格勒是一個眼光敏銳，看事入木三分的人，而洛克菲勒作風穩健，思考周密，雷厲風行，二者相輔相成，合作起來如魚得水。他們的公司在二人的運作之下迅速擴張壯大，成為了石油業執牛耳者。

一八七九年底，洛克菲勒的標準石油控制了九〇%的全美煉油業，他也搬進了豪華莊園，真正地成為控制一國自然資源的億萬富翁。

洛克菲勒用二十五年的時間，從一個窮小子成為名副其實的億萬富翁。對他來說，一個窮人和一個富人的距離只有二十五年。

二十五年，洛克菲勒改寫了自己的命運。不，不是改寫，而是證明。他本身就是富人，億萬資產只能證明他是真正的富人。

在羨慕洛克菲勒的同時，再想想窮人，做個富人是窮人最大的願望，窮人也為實現這個願望在堅持不懈地努力奮鬥奔波著。但是，也許窮人弄錯了一個概念——富人和有錢人的概念，窮人可能追求的是有錢人而不是富人。

有錢人與富人是有很大差別的，有錢人可能是個窮人，富人可能沒有錢。

洛克菲勒曾經說過這樣一句話：即使把我的衣服脫光，再放到沒有人煙的沙漠中，只要有一個商隊經過，我又會成為百萬富翁。

這就是有錢人和富人的差別。有錢人只能擁有裝錢的口袋，富人有賺錢的辦法和頭腦。有錢人看中的是錢，富人則看中賺錢的辦法。當然，富人總會使用錢，更瞭解錢最應用在什麼地方。

窮人會糟蹋錢
富人會使用錢

一八九六年，洛克菲勒離開了標準石油公司總部紐約百老匯路二十六號，他退休了，搬到了波坎鐵柯莊園。

窮人總是很瞭解別人，關注別人，他關注別人的程度往往要超過自己。他什麼都瞭解，就是不瞭解自己。富人則不同，他不僅瞭解別人，更瞭解自己。富人為了使自己的事業得以更好發展，能把事業交給強於自己的人去經營管理。窮人不相信任何人，懷疑任何人，他寧可把自己的事業在自己手中斷送也不會交給別人。

退休的洛克菲勒日常生活很有規律：六點三十分起床，七點到八點看報紙，然後吃早點。退休後的他工作時間只有一個小時左右，他多採用電話形式向各處指示工作，偶爾也到辦公室走走。

洛克菲勒每天早上十點到中午打高爾夫球，正午休息，午後三點用午餐，然後做點娛樂活動。晚上七點吃晚飯，八點到十點聽音樂，然後入睡。他每天都是這樣輕鬆有序地合理安排自己的生活。也正是這樣，在退休後他又生活了四十一年。

洛克菲勒是位富人，富人絕對不會被金錢所累，因為他知道他的錢應該從什麼地方來，更知道錢最應該到什麼地方去。

洛克菲勒特別關注慈善事業，從十九世紀九〇年代開始，他每年的捐贈都超過一〇〇萬美元。

他的第一筆人生巨額捐款用於教育。在一八八九年，他拿出六〇萬美元建立一所新的芝加哥大學，在以後的十年捐款總額是三四七〇萬美元。到一九一二年，捐款高達四五〇〇萬美元。他不但捐款於教育事業，還給黑人事業捐款。

他的第二筆巨額捐款用在醫療。他於一九〇一年利用二〇萬美元的贈款協助成立了洛克菲勒醫學研究所，在控制流行性腦膜炎、黃熱病、寄生蟲病等方面做出了貢獻。另外在細菌學和體外循環心臟手術的研究上也有很大的突破。

洛克菲勒醫學研究所由於資金充足，網羅了世界上最優秀的醫學人才，購置了全世界最先進的研究設備，研究所裡的科學家經過努力獲得了幾項諾貝爾獎，對醫療界進行了一次又一次的革命。

洛克菲勒用在慈善事業上的錢總額在五億美元以上，成為美國歷史上捐贈私產最多的人之一。

只要你生存在這個星球上，只要你生存於人類之間，你的一切就應該屬於這個人類，你的財富多與少，都是人類對你恰如其分的肯定與證明，你就應該用感恩的方式生活著，而不是一味地攫取與掠奪。社會回報你的努力，你也應該回報社會的支持。

窮人無論有錢還是沒有錢，都是把自己從人類從社會中獨立出來，他們只能用自己的財富證明自己高高在上，卻不想蒼天在上，他們用金錢給自己給人類製造麻煩，攫取掠奪到最後一刻。

這樣的人無論他怎樣有錢，最終他還是要回到他的最初。窮人，最終還應該是一無所有的。

富人永遠清楚自己，更清楚自己的生存環境，他為了讓自己生活得更好，就得想辦法把生存環境變得更好，而不是愚蠢地把自己逼得連一點生存空間都沒有。

不只是洛克菲勒如此，真正的富人對此都有相當的認識。

世界首富微軟公司創始人比爾・蓋茲曾宣布：在他五八七億美元的財產淨值中，他只會留給每個孩子一千萬美元的財產，其餘的全部交給慈善機構。

世界第二大富豪華倫・巴菲特也宣稱：他的子女們很難從他那裡獲得巨額財產，子女們如果能從他那裡獲得一個子兒，那就算他們走運。巴菲特曾說過：「那種以為只要投對了娘胎就可以一輩子衣食無憂的想法，損害了我心目中公平的觀念。」

住宅建築裝飾材料公司董事長伯納德・馬庫斯說：「遺產對於有些人來說，是一種非常可怕的負擔。」緊接著他又說：「如果我的孩子想成為百萬富翁，那麼他只能靠自己的努力。」所以他決定把自己八・五億美元的股份全部捐給支援教育和殘障人事業的馬庫斯基金會。

這些真正的富人多數是白手起家，對自己，對人生，對環境進行了層層突破，獲取了巨大的財富。這些財富對他們來說，不是上帝的賜予，更不是命中註定，而是他們努力奮鬥的結果。

他們是富人，所以他們瞭解財富的內涵與外延，更知道財富的真正意義。他們把自己的巨額財富交與社會而不是自己的子女，那是因為他們更明白，一個穩定、文明、發展的社會秩序才是子女們一切的保證，沒有這個，別的都是奢談。他們的子女也只有生活在高度文明、高度發展的國度中，才會更容易實現自己的夢想。

這些富人認為，他們的財富來源於社會，他們就有回饋社會的義務，而孩子則應該自謀生路，因為社會需要公平的競爭。這些富人並不是不愛他們的孩子，而是不想讓孩子成為現成的億萬富翁。他們知道每個人對財富的承載能力不同，如果自己的孩子僅是一個比較幸運的窮人，那麼財富不僅讓孩子坐享其成不思進取，還會貽害社會。

這樣的例子不是沒有。杜克家族是美國菸草公司的創立者，該家族成員杜克指出：她始終無法擺脫巨額財產帶來的影響，受此影響，她無法像正常人一樣享受生活。所以，她一生孤獨。

伍爾沃斯財團的繼承人芭芭拉，雖然有巨額財產，但同樣不幸福，她一生中的大部分時間都用在了追逐男人身上，而那些男人與其說是對她感興趣，不如說是對她的錢感興趣。

如今，美國的富人們充分地認識到，坐擁億萬家財不一定是件好事，讓年輕人輕易得到巨額財富有可能把他們推向墮落的深淵。而我們當中的一些父母卻都為了孩子的前途、錢途奔走忙碌，為了一個責任，一個瞑目，一個交代，可謂是用心良苦腦汁絞盡。

這種思維，就是窮人窮怕了的思維，也是一種窮人思維。

第四章：膽識過人

（從窮人到富人的健康證）

在同一個時代，在同樣的歷史背景下，有的人財運亨通、飛黃騰達，有的人則是食不果腹、朝不保夕。誰都不願意作窮人，可是天下仍然有許多窮人。窮人為了變成富人，可謂朝思暮想，百覓千求。窮人和富人的距離其實並不遙遠，也許是幾年，也許是幾十年。然而就是這麼長的距離，有的人卻丈量了一輩子。

社會上從來就不缺乏財富，而是缺少發現。窮人發現了財富並獲得了財富，那麼他就由窮人變成了富人。富人擁有財富，如果不知道利用財富駕馭財富，那麼他就會由富人變成窮人。當然，發現財富也需要機遇、機會，很多人就是在等待機遇和機會的過程中漸漸蛻變的。有的能破繭成蛾，有的則終其一生一無所獲。

窮人，宣洩的方式是埋怨；富人，宣洩的方式是征服。窮人總是以埋怨打發掉所有屬於他的寶貴時光，並錯過屬於他的機遇機會，一直過著窮有窮的理由、捉襟見肘的日子。富人則是以兵來將擋，水來土掩的氣概，征服著別人，征服著世界，最後他們擁有了整個世界並操縱著整個世界。

這個世界上就出現了一個非常富有的倒楣蛋，他也許最有權利埋怨時代，最有權利咒罵那個該死的社會。他也生於富人家庭，有著幸福的童年，可是這一切在一夜之間突然都失去了，他還險些進了牢房，當然，他沒有犯法也沒有做壞事。飛來的橫禍不得不讓他過上顛沛流離的生活，為了糊口，他當過搬運苦力，為了存錢當過每天工作十六小時的電焊工。

就是這個人，在遭受戰爭苦難和經濟危機的時候，卻點石成金，成為富可敵國的富豪。在他去世時，留下大大小小船隻四百餘艘，大大小小的企業難以估計。

此人便是娶了美國前總統約翰·甘迺迪遺孀賈桂琳，有著「機緣船東」、「戰神」、「風流船王」之稱的亞里斯多德·蘇格拉底·歐納西斯。

窮人總是在看到富人取得成功的時候，才扼腕歎息：曾經有一個能讓我變成富人的機會擺在我的面前，我並沒有珍惜，現在想起來悔恨不已，假如再給我一個這樣的機會……

窮人總是在「假如……」、「如果……就」中耗掉了自己寶貴的青春，浪費了自己所有的激情和熱情，終日不得不為了簡單的衣食住行苦苦奔波。窮人一生面對的是生存而不是生活，或者是把生存當成了生活。

千里馬與平凡驢所走的距離是一樣的，千里馬日行千里，叱吒風雲，風光無限。平凡驢日走萬圈，朝九晚五，默默無聞。只不過千里馬的平台是世界與戰場，而平凡驢的平台是槽廄與磨道。

總之，富人有富有的原因，窮人有貧窮的理由。但是有一點要記住，人窮不能怨社會。與希臘船王亞里斯多德・蘇格拉底・歐納西斯的財富相比，我們是徹徹底底不折不扣的窮人，但與他的生存時代相比，我們又是無比幸運的人。然而，在他的面前，我們又是無地自容，因為我們與他之間也許只有〇・〇五公分的距離，而就這〇・〇五公分的距離，我們一生也許都無法跨越。這個距離也許就是真正的窮人與真正的富人之間的距離。

窮人想改變生活 富人想改變命運

在土耳其西部瀕臨愛琴海的地方有一個港口城市，原名叫士麥那。士麥那地處伊茲密爾。伊茲密爾是一座工業極其發達、貿易往來十分頻繁的城市。

一九〇六年，亞里斯多德・蘇格拉底・歐納西斯在伊茲密爾市出生。歐納西斯的父母以經營菸草生意為生，獲利不少，所以日子過得十分富足。歐納西斯有著無憂無慮的快樂童年。

由於父母經營的是菸草生意，所以會經常與一些船運老闆洽談有關運輸方面的事宜。這時候，歐納西斯總是在一旁。他對這一切並沒有表示出反感，相反卻覺得很有興趣。因此，歐納西斯從小就接觸並掌握了許多菸草行業的術語，而且還體驗到了商場的氣息。在父母與一些商人洽談生意的時候，歐納西斯就仔細認真地觀察對方的言行舉止。他十分欣賞沉穩又精明的這一類商人，所以經常效仿，以期待自己也朝著這一方面發展。

沒有不善於觀察、思考和學習的富人。在富人的眼裡，什麼東西都是有用的，即使現在沒有用將來也有用。由於善於觀察、思考和學習，也就善於發現。也正是他們有這樣的習慣，才能審時度勢，發現別人發現不了的商機。

窮人是不善於學習、思考和觀察的，或者懶得學習、思考和觀察，他們更適合於傳統的填鴨式的學習。他們是為了用而學習，而不是學習為了用。

窮人總是到用佛的時候才去抱佛腳，在他們眼裡，只有看得見摸得著的東西才會有用。他們向來就認為知識來源於課本、教室、補習班，機會來自於畢業證上的文字。

事實上，一切的機遇都來自於自己的觀察、思考和發現。這種能力課堂上不會有，老師也不會教。要想做一個富人，首先就得做一個有心人，有大腦的人，而不是有頭無腦的人。

歐納西斯對大海有著與生俱來的偏愛。他的性格略顯內向，不像其他孩子一樣好動。他經常一個人站在甲板上，久久地面對著大海，在欣賞大海沉穩的同時，也完善了自己的性格。歐納西斯在小的時候，心裡就萌發了要駕馭大海的念頭。

喜歡大海的人，多是一個心胸豁達的人。大海是善於包容的，同樣也具有無比巨大的同化力。世界上最大的力量不是武力，而是同化力。

大海是吸納百川才成就汪洋之勢，一個窮人如果集天下小財於一身，同樣富可敵國。

富足的家庭，使得歐納西斯有條件接受了很好的小學和中學教育。在這期間，歐納西斯的學業成績一直不錯。中學畢業以後，十六歲的歐納西斯準備去德國讀大學，可是就在這個時候，土耳其佔領了伊茲密爾，隨後，全家人都被捕入獄，歐納西斯也未能倖免。但由於他年齡還小，在監獄裡沒待多長時間，就獲准被釋放了。

出獄後的歐納西斯回到家裡，偷走了父親鎖在保險櫃裡的錢，搭船隻身前往葡萄牙的里斯本經商。在里斯本，歐納西斯憑藉著自己耳聞目睹而得來的商場經驗，初戰告捷，小賺了一筆。拿到錢的歐納西斯立即返回了伊茲密爾，在親戚朋友的幫助下，幾經周旋，終於將全家保釋出獄。

天災人禍是不以人的意志為轉移的。作為常人，無法逃避戰爭帶來的災難。歐納西斯在親人入獄的情形之下，沒有驚慌失措，更沒有絕望，而是利用自身的才能、智慧，進行有效的補救，採取一些具體的措施。

富人總是把希望寄託在自己身上，透過具體的努力來改變不利於自己的局面。如果歐納西斯是一個窮人，他可能選擇流浪、乞討、向別人哭訴自己的不幸遭遇，進而得到別人的憐憫和安慰，博得世人的同情。事實上，什麼困難都屈服於強者。

經過這件事情，歐納西斯既懂得了道理，也受到了教育。

父親責怪他贖金付得太多，他明白了錢的重要性，也開始知道了用錢的尺度。

伊茲密爾已經無法接納歐納西斯全家在此容身了，沒辦法，他們只好隨著小亞細亞的難民一起逃往希臘。這是一九二二年九月的事情。

當時的希臘可算得上是一個比較重要的港口，但它卻無論如何也負擔不起成千上萬的難民。歐納西斯全家像其他難民一樣四處尋找工作，但沒有任何結果。在希臘看不到一點希望，歐納西斯在萬般無奈的情況下不得不與父母及妹妹們告別，飄洋過海到美洲大陸淘金。

放棄壞的東西是人的一種本能，而放棄暫時看著有用而將來是累贅的東西卻需要有足夠的勇氣。一些東西遲早是要放棄的，早放棄就是智者，晚放棄就是愚者，不放棄就要遺憾終生。

富人，是敢於放棄的，當然，他們的放棄是為了更大的收穫。

歐納西斯在希臘看不到希望，找不到發展的機會，這與執著無關。於是他自然而然地放棄了父母的庇護，去尋找希望的樂土，也正是這一次放棄，才會有後面更大的發展。在鹽鹼地裡是種不出好莊稼的，哪怕你是最好的種地方法。愚公移山的精神固然可貴，但絕不可行。

窮人是不敢放棄的。與富人相比，他們似乎更珍惜現在的一切，就像平凡驢比千里馬更珍惜磨坊裡熟悉的工作環境和磨道上的平坦，還有磨完百斤黃豆，會有半斤黃豆的賞賜一樣。

窮人總是看重熟悉的生活環境，熟悉的關係網，因為他們覺得放棄以後自己可能會一無所有，去遠方追夢還不如原地固守、等待、煎熬。富人則不同，他們是不屑於走別人走過的路，因為他們是敢於修路造路的人。在腳下修路，在心中思考路，在別人認為根本不可能造出路的地方造出路來。

富人清楚地知道，別人走過的路上，是沒有財富的，即使有，也是別人丟棄的或者不屑一顧的散碎銀子。別人修的路旁沒有寶藏，別人修路的目的就是挖光路兩旁的寶藏。

在前往美洲大陸的船上，歐納西斯曾在一艘破舊的貨船上打過工，薪水是每天二十三美分。對於歐納西斯來說，這份工作無疑是很重要的。歐納西斯對此雖然也很重視，但並沒有在這上面寄託什麼，更沒有滿足。他最終的目的是使自己的生活得到保障，然後以此為跳板，以最快的速度儘早到達美洲大陸，以圖更大更好的發展。

船是駛向阿根廷的，所以在它抵達首都布宜諾斯艾利斯港口的時候，歐納西斯就被這個繁華熱鬧的都市吸引住了，他彷彿看到了自己的未來和希望。

在布宜諾斯艾利斯，歐納西斯周身上下除了在船上做苦工賺來的一五〇〇個法郎和幾件日常生活用品以外什麼也沒有。他沒有認識的人也不懂當地人通用的西班牙語。他打手勢以向人表示自己的意思，一路尋到了希臘僑民居住區。

在希臘僑民的幫助下，歐納西斯在電話公司找到了一份電焊工的工作。電話公司當時實行的是計件工資制，多勞多得，少勞少得，不勞不得。歐納西斯為了多賺點錢，每天的工作時間都長達十六個小時，有時候甚至通宵達旦。在繁重的生活壓力下，歐納西斯省吃儉用，不久，手裡就有了一筆積蓄。

從窮人到富人之間，有一個很難跨越的臨界點。如果你跨越了這個臨界點，你就成了富人，如果你跨越不了，那麼就只能當一個窮人。

窮人生來就是為了做事，每做完一件事情，就需要獲得一點回報，然後再去做另外一件事情，再獲得回報。富人生來就是為了做事業，做事業的開始有可能沒有回報，甚至是虧本，但是他真正地把事業做大做完善的時候，獲得的回報可能是一個世界。

歐納西斯天生就是一個富人，富人在實在沒有辦法的時候也做事。但他會把做事看作是做事業的開始，他不會永遠地停留在做一件事情上，哪怕這件事情已經改善了他的生活。富人想改變的是命運，窮人想改變的才是生活。

歐納西斯沒有像其他人那樣因為手裡有了錢而沾沾自喜，他反倒變得心事重重起來。他知道如果只是在電話公司做一個電焊工，是永遠也不可能有大發展，有好前途的，而他的目標卻志在幹一番大事業。在資本主義社會中，歐納西斯認識到，要發財，做企業家是最好，似乎也是唯一的選擇。他發誓要讓自己成為世界知名的企業家。為此，他邁出了通往成功坦途的第一步：為了更好地紮根阿根廷，而設法加入阿根廷國籍。

真正的富人永遠清醒地知道自己在幹什麼，自己準備幹什麼。而真正的窮人卻不知道自己為了什麼活著，哪怕自己整天地喊著活著沒有希望。富人的等待是為了尋找不鳴則已一鳴驚人的機會，就像獵人等待獵物的出現一樣。富人的等待是注意力集中，不停地進行分析和思考，權衡著一切。而窮人的等待則是在消耗自己的生命，非常盲目地不知所措地度日如年。他也知道自己在等待機會，卻不知道自己在等待什麼樣的機會。

窮人只明白賭的目的
富人能掌握賭的規律

歐納西斯是一個不甘寂寞的人，在具備了一定的實力以後，他開始辭掉了電話公司的職務，一個人出來闖天下了。經過仔細認真的觀察並結合自身的體會感受，歐納西斯敏感地察覺到可以在希臘香菸上大做文章。由於南美洲及阿根廷的香菸菸味比較濃烈，沒有希臘香菸那麼柔軟，這使得許多居住在阿根廷的希臘人都抽不慣。而當時市場上卻很少有人經營希臘香菸，所以有很多人都托人從希臘帶菸。歐納西斯想，如果在這方面進行壟斷，肯定會收益無窮。於是，他馬上著手準備各項事宜。

還是那句話，**世界上不是缺少財富，而是缺少發現**。當別人都成為富翁而你還是乞丐的時候，你是否真正反思過：是不是自己親手把屬於自己的財富送給了別人？歐納西斯對菸草可能有獨特的感情，但是他可能更懂得成為一個富翁的前提就是使別人更開心更快樂更方便。所以他就想讓許多想吸希臘香菸的人吸上希臘菸，這樣他就可以從中得到好處，達到他的目的。

同樣是希臘的一個窮人和富人，同樣吸著南美洲及阿根廷有強烈刺激味的香菸，窮人可能是一邊吸一邊罵：「南美洲這些菸商的智力真是差，連一根香菸也做不好，你看我們希臘的香菸就是好，柔軟而不刺激。」罵歸罵，抽歸抽，說不定心中還有自豪感。於是托朋友從希臘帶些菸回來，分給其他人，讓他們品嘗正宗的希臘香菸，僅此而已。

那個希臘富人可能是這樣，比如歐納西斯。他會從中看到商機，看到白花花的銀子。他會想盡方法讓所有想抽希臘香菸的人都抽的到希臘香菸。

對於菸草業，歐納西斯可以說是相當熟悉的。他根據手裡的資金情況，開辦了一個手工捲菸的工廠，生意不錯，收入也相當可觀。可是隨著希臘菸在阿根廷的迅速推廣，歐納西斯的手工工廠就越發顯得力不從心了。面對著市場上希臘菸供不應求的現狀，歐納西斯果斷地做出貸款決定。籌到一筆錢，買來一台捲菸機，專門生產希臘香菸。

希臘香菸廣闊的市場和較好的發展前景，為歐納西斯帶來了豐厚的收入。不到兩年的時間，他就擁有了差不多一百萬比索的資金。但這還不能讓歐納西斯滿足，他還想賺更多的錢，使自己變得更加富有。他把目光轉移到了菸草貿易和菸草運輸上。

窮人如果有一條屬於自己的船，哪怕是一條小船，都會感到心滿意足，因為這條船足以讓他吃喝不愁衣食無憂。如果再有多餘的船，就更不知道天高地厚了。他會整日昂首闊步，一擲千金，惟恐別人不知道他有船。

富人如果有了一條小船，他就要把小船換成大船，把大船換成航空母艦。他心裡很清楚，如果一條船做不到航空母艦的級別，一次海嘯颱風就會輕而易舉地毀掉自己的一切。

從事菸草貿易和菸草運輸，這是需要投入大筆資金的，而歐納西斯儘管有了一些錢，但還很難負擔這兩項開銷，因此，他曾從事過菸草走私。雖然這樣的行徑不太光彩，但這其中，歐納西斯成功地避開了法律的懲罰，而迅速地累積起了巨額原始資金，並且在布宜諾斯艾利斯站穩了腳跟，幾乎壟斷了希臘香菸在阿根廷的市場。

在一切都漸漸步入正軌以後，歐納西斯開始收手非法的走私買賣，而轉入正規的貿易活動。他租了一艘船，將阿根廷的羊毛、穀物和皮革等運往希臘，由父親幫助銷售，然後再從希臘往阿根廷運大量的菸草。歐納西斯從中獲得了巨大利益，很快就成了希臘僑民中的名人，在阿根廷也有了一定的影響。

一九三〇年，二十四歲的歐納西斯憑著自己是希臘產品最大的進口商，國家最大外匯提供人的雙重身分，及在阿根廷的知名度，被希臘政府任命為希臘駐布宜諾斯艾利斯的總領事，這使得他步入仕途有了一條平坦寬闊的道路。在政界，歐納西斯雖也是如魚得水，但他最大的願望還是在大海上，他要做船東，在大海上航行，駕馭大海。於是，他租借了更多的貨輪，使自己的進出口生意規模不斷地擴大，躋身於百萬富翁之列。

正當歐納西斯的事業一帆風順，在大海上暢通無阻時，席捲全球的經濟危機突然襲來，破壞了一切。整個世界都面臨著巨大的災難和考驗，歐納西斯也同樣不能例外。但歐納西斯畢竟是歐納西斯，他不僅沒有在這次危機中淪為犧牲品，反而趁機崛起，最大限度地發展和壯大了自己。

人生來好賭。窮人好賭，富人也好賭，只不過兩者賭的方式不同。

窮人賭，那是盲目地去賭，妄想透過一把小賭來換取一個大世界，他只知道賭的目的，卻不知道賭的規律，所以他們在該賭的時候賭，不該賭的時候也賭，最後只能輸掉人生，輸掉資本，死心塌地的去做一個真正的窮人。

富人也賭，但富人去賭的時候頭腦清醒，該賭什麼不該賭什麼心裡清楚，該什麼時候下注下多大的注計算得準確無誤，賭一把能得到什麼輸掉什麼早就算計好了，那才是真正的該出手時就出手。

窮人敢賭，卻無法控制賭局，把命運交與蒼天安排。富人敢賭，那是運籌帷幄決勝千里，一切盡在掌握之中，即使是輸了，也是為了輸得其所，更何況沒有一個富人為了輸而去賭的。

歐納西斯是敢賭的，他賭源於他對市場發展規律瞭若指掌，對市場變化洞悉準確。

人們在危機中顯得驚慌失措，而歐納西斯卻以他特有的先見之明及敏銳的洞察力，發現了契機，找到了一個千載難逢的大好發財機會。

根據市場經濟規律，生產過剩，供大於求，物價肯定要下跌，反之生產不足，求大於供，物價又會回升，甚至可能會暴漲。那麼在經濟不景氣的時候低價購買商品，等到經濟復甦時再高價賣出，這其中肯定有大利可圖。

窮人在時代混亂的時候，心中充滿的是絕望，他會感到世界末日真的到來了，一切都和他過不去，於是惶惶不可終日，把什麼都看作是瘟神。富人在同樣的時候，眼中看到的是希望，他相信一切都是暫時的，一切的厄運在不久的將來都會過去，社會將會變得更好。總之，窮人的心態是消極的，而富人的心態是積極的。消極的心態只能讓人等待，而積極的心態則會令人四處尋找機會。

窮人在時代混亂的時候，會緊緊地捂住自己不算豐盈的錢袋，擔心一不小心錢會飛出去找不回來，自己真正地淪落街頭。所以，能不花則不花，能省則省，趕緊找個地方躲起來。富人則不然，他會大膽地站出來，把錢扔到該扔的地方去。

歐納西斯意識到這一點以後，馬上就開始付諸行動。或許是與生俱來與大海有著解不開的情結，歐納西斯把目光集中在了最沒有保障的海上運輸上。當時的海上運輸已完全處於癱瘓狀態，所有的人無一例外地認為他必定要遭殃。可是歐納西斯卻毅然決然地將全部財產拋出，進行孤注一擲的豪賭。他對自己充滿了信心，他知道要發展經濟，離不開海上運輸，一旦蕭條的經濟再次復甦，那麼，他的投資將是一本萬利，金錢會源源不斷地滾進他的口袋。

歐納西斯最大限度地四處購買過剩的便宜產品，囤積居奇，以備日後獲利。然而這些都不足以讓歐納西斯激動，最令他興奮的消息莫過於加拿大國營鐵路公司欲將六艘十年前價值二百萬美元的貨船現以每艘二萬美元出售。

得到這一消息以後，歐納西斯知道自己能否成為一個船東，很大的程度上取決於怎樣把握住這次機會。在經過認真的思考，做出了決策以後，在無一人問津的情況下，歐納西斯趕往加拿大，義無反顧地以十二萬美元的價錢買下了六艘舊貨船。

全球經濟面臨著巨大危機，貿易運輸也處於癱瘓狀態，沒有人能夠理解歐納西斯這樣做的目的和意義何在。經濟危機不僅沒有得到舒解，而且還呈愈演愈烈之勢。歐納西斯的六艘貨船在手裡，簡直成了埋葬自己的墳墓。有人對歐納西斯說，趕緊轉手將船賣掉，這樣不至於賠得太慘，但歐納西斯卻始終堅持自己的想法：危機一過，一切都會發生轉變，貨船必然會展現出它本身所具有的價值。

凡是超凡脫俗的企業家，都有著共同的特點，那就是驚人的判斷力和果敢的決策，這一點也是他們成為富人的先決條件。窮人認為一無所獲的地方總是商機無限的。

富人的財富來源於他們的投資，準確的投資為了更多更大的回報。投資就要有風險意識，風險越大，回報率也就越大。富人可以被風險擊倒，但不會被擊垮。

窮人不敢承擔風險，不承擔風險也未必就沒有風險，重在防守的球隊永遠成不了世界冠軍，攻守平衡的球隊才是最佳的球隊。義大利國家足球隊是強調防守的，有一球進便全隊退防。正是這樣，也就導致了他們在世界盃上流下傷心的眼淚。世界上有一條真理，那就是最好的防守就是進攻。

窮人永遠也不明白「捨得」的真正含義。不去捨，哪裡會得？

窮人怕鬥
富人敢鬥

事實是最具有說服力的證明。在整個資本市場瀕臨死亡的臨界點時，第二次世界大戰爆發了，它有效地舒解了經濟危機，同時也刺激了經濟的發展。二戰的爆發，需要大量的商船貨船運送大量軍需品和日常用品。歐納西斯的六艘貨船起死回生，在這個時候派上了大用場，成了運輸業的龍頭，而歐納西斯也圓了自己多年的夢想，成了大船東。由於歐納西斯成為船東的歷程頗有些獨特，被人稱為「機緣船東」。

在二戰中及二戰結束以後，歐納西斯憑藉著六艘貨船，獲得了難以估計的財富，這為他再一次騰飛和崛起搭建了一個更高的平台。歐納西斯順其自然地躋身於希臘擁有制海權的巨頭行列。財路越來越寬，船隊規模也越來越大。

擁有了財富，是成功的富人最好的證明。歐納西斯在海運上一騎絕塵，招來了許多人包括美國政府的恐慌，他們用各種辦法為難歐納西斯。

這讓歐納西斯承受了空前的壓力，最後不得不忍痛做出讓步：罰款二五〇萬美元，還答應購買美國的油船，並在這些船上掛上美國的國旗。

在這個問題上，歐納西斯感到不公平，對手沒有和他用公平的商業法則競爭，他也對美國人失去好感，但他沒有放棄美國，而是決定採取另一種方法與美國人打交道——那就是狠狠去賺美國人的錢。

無論是窮人還是富人，都無法讓自己的對手不存在。他們都渴望對手與自己公平、公正、公開地競爭，然而，這僅僅是他們自己善意的渴望。對手為了競爭的勝利，則會採用一切可用的辦法一切可用的手段，包括明的暗的黑的白的，令你防不勝防。

窮人如果遇到這樣的對手，會恨得咬牙切齒，不是抱著惹不起躲得起的態度，就是以其人之道還治其人之身，寧可傾家蕩產身敗名裂也拼個魚死網破。再有就是怨天尤人，整日唉聲歎氣，向每個人傾訴自己的不幸。

這就是窮人的方式，這樣做對自己是毫無好處的，只能浪費自己的激情、時間與精力。生活和電視劇是有距離的。魚死網破也好，怨天尤人也罷，對手不會因你這樣而消失，他們只能送你一個「無能」的稱謂。

一個人的成功過程，首先應該是一個征服的過程。征服了自己，征服了對手，征服了困難，才會得以成功。世界不會按你的意願而改變，但它會因你的努力而改變。

富人絕不會像窮人那樣做些無聊而且無用的事情，對手的各種手段他們都會接受，因為他們永遠都比窮人更能接受客觀現實。

歐納西斯雖然受到美國人的不公平待遇，但他清楚地認識到只有在美國站住腳，才會成為真正的海上霸主，他會以更巧妙的辦法來狠賺美國人的錢。

馬拉度納是比利以後的「足球皇帝」。他只有一六八公分的身高，在足球場上與別的高大隊員進行身體對抗時常常會吃虧。也正因為他是馬拉多納，在每次踢球的時候都會受到對手特殊的「照顧」。

對此，馬拉度納沒有過多地計較，他知道作為一個球員，給對手最大的打擊就是把球送進對方的球門裡，讓對方的守門員多次把球從自己的大門內撿出來。

不言而喻，窮人永遠不知道自己在幹什麼，而富人知道自己現在幹什麼，下一步該幹什麼，自己這一生要幹什麼。

二戰結束以後，有許多人都在惶恐不安中擔心又一次經濟危機的降臨。歐納西斯卻以他獨特的思維肯定不但不會發生經濟危機，而且經濟還會復甦。而在這其中，石油能源將成為炙手可熱的搶手貨。石油耗費量的增大，必然會刺激船運費的高漲。歐納西斯又一次搶先別人一步，抽調出一大筆資金，投入到新油船的建造上，為日後聚積財富做準備。

富人之所以富，因為他們比窮人更能先知先覺。社會的發展表面上看起來是錯綜複雜的，但它總是按照一定的規律向前發展。富人明白這些規律，所以能搶佔先機，獨領風騷，人無他有，人有他精。窮人卻總是循著富人的腳印前進，揀些富人捨棄的殘羹冷飯。

一九五三年到一九五五年期間，雖然並沒有出現能源危機，但阿拉伯的石油還是成了全世界關注的焦點。人們在談論的同時，既羨慕又嫉妒地注視著阿拉伯酋長和他們的國王以及壟斷開採阿拉伯石油的阿美石油公司和它的股東們。

每個人都想分享阿拉伯石油的巨大財富，並紛紛前往這片土地。但阿美石油公司已經對這一產業進行了壟斷，根本就無法介入。結果都是乘興而去，敗興而歸。

一九五三年的夏天，歐納西斯偕妻子蒂娜・利瓦諾斯乘「克莉絲蒂娜」號私人豪華遊艇抵達了吉達港口。

歐納西斯的成功倚賴於他超乎常人的判斷力和決斷力，這只是其中的一個方面，另外他那常人不及的膽略也是一個至關重要的因素。

阿美石油公司擁有對阿拉伯石油的開採權，他只是在開採時付給沙特國王相對比例的開採費。而開採出來的石油再由他們自己的油船運送到世界各地。歐納西斯透過仔細研究和琢磨阿美石油公司和沙特國王之間的合約後，發現其中有一個可鑽的條文，那就是合約中並未說明沙特不可以用自己的油船來運輸石油。

發現這一點以後，歐納西斯對沙特國王宮殿進行了閃電式的訪問，鼓勵沙特國王建立自己的油船隊伍。

這一建議正中沙特國王的下懷，但他卻沒有立即表態。歐納西斯為使沙特國王儘快做出同意的答覆，先後請了沙烏地阿拉伯的反美運動領袖、民族主義分子、和國王及王儲關係比較密切的查馬爾．侯賽因，及原希特勒德國的國家銀行總裁雅馬爾．沙赫去阿拉伯遊說沙特國王，接受歐納西斯的建議，並建立一個有歐納西斯加盟的沙烏地阿拉伯油船公司。

經幾番遊說，各酋長們基本同意，老國王謝世，新國王繼位之際，歐納西斯略略施展一些交際手腕，於一九五四年一月二十日與沙烏地阿拉伯王國簽署了《吉達協定》。「沙烏地阿拉伯油船海運有限公司」正式成立，歐納西斯成為最大的股東之一。

《吉達協定》的簽署，給阿美石油公司造成了致命的打擊，他們開始進行全面的反擊。在各種報刊媒體上對歐納西斯進行強有力的抨擊，證明他野心勃勃。

繼阿美石油公司後，「飛馬」、「殼牌」、英國石油公司、伊朗石油公司等各個石油公司又緊接著對歐納西斯進行了圍攻阻截。

歐納西斯孤軍奮戰，但卻並未被擊倒，反而越戰越勇。

在最後決定勝負的關鍵時刻，歐納西斯的同行們怕歐納西斯不斷地壯大而搶了自己的生意，聯合起來一致反對歐納西斯，使他腹背受敵，遭受了嚴重的打擊。而與此同時，沙特王國在美國所施加的強大壓力下，被迫妥協，單方面撕毀了《吉達協定》。

在外界輿論及美國強大的壓力和攻勢下，歐納西斯最終失敗了，在這其中，他損失了十億美元。

歐納西斯是冤枉的，但他沒有和沙特國王打官司，因為他知道自己面對的對手是誰。他的舉動已經侵犯了全世界大石油公司和本國船東的利益及美國政府的利益，以他個人的能力想與全世界抗衡，無疑是以卵擊石。

這位永遠知道「捨得」含義的富人，捨出了十億美元，並非什麼也沒有得到。

在一九五四年，他成為全球最受關注的人，他給人們留下深刻的印象，人們被他的精明和膽識征服。

歐納西斯後來也這麼認為，他風趣地說：「我損失了十億美元，當時我好心疼，可是沒想到我因此而名聲大振，做起生意更加順手，這十億美元就做無形資產的宣傳了，也是有賺無賠啊！」

從此以後，歐納西斯所從事的商船運輸業得以神速發展。

從一九五一年到一九五五年，他擁有的總噸位數從一萬噸發展到五萬噸，這在當時的石油運輸業已經是驚人的數字了。

歐納西斯雖然遭受了失敗，但他並沒有在失敗中沉淪，相反的，打擊使他變得越來越堅強。他冷靜地觀察著時局的變化，伺機再度崛起，向更高的目標躍進。

歐納西斯從一個逃難的流浪者到世界聞名的富人，根本的原因是他擁有富人的頭腦和智慧，想別人不敢想，做別人不敢做的事情。儘管他在這個過程中失敗過，但他的失敗源於他的挑戰。在挑戰中失敗的人是英雄，是受人尊敬的。

回首再看看我們自己，公司和集團，面臨著跨世紀的變革，同樣感受到了巨大的壓力，然而卻裹足不前，相互觀望。很多機會，就是在我們觀望與等待中悄然流逝，失去了發展和壯大的最佳機遇，最後淪為名副其實的窮人，慘遭時代的淘汰和拋棄。

也許，我們有十足的理由來解釋為什麼我們是窮人，但是如果我們成為真正的窮人，任何解釋都是對自己的一種嘲諷。或許，我們真的對一個公司一個集團無能為力，因為我們無法左右它的命運。在此，如果我們還是愚忠地把自己的命運拴在一條即將沉沒的船上，那是我們的無知。

我們無法把握自己的起點——是窮人還是富人，但我們都應該向成為真正的富人的方向而努力。我們要學會面對選擇，學會面對挑戰，學會面對失敗，更要學會面對成功。

第五章：永不言敗

（從窮人到富人的資格證）

所有的窮人都一樣，對貧窮有著無比的厭倦，對富有有著無限的渴望。渴望成為富人是天下所有窮人的心願，為了實現這一心願，窮人的確做了各種嘗試和突破。由窮人變成富人，是一個過程。很多窮人都曾生活在這個過程的起點，但他們退縮了，沒有向前跨一步，因為這一步跨出去，比他們過著一成不變的生活難受得多。於是找出各種理由為自己解脫，把自己的命運交與上帝去安排。上帝非常忙，根本不可能去安排這麼多習慣走老路的窮人。所以，這些人無論怎樣，依然貧窮，為了溫飽操勞一生。

有的窮人跨出了第一步，甚至走了好幾步，但是他們卻沒有堅持走下去。他們的生活因為這幾步改變了，他們不像窮人那樣窮，也不像富人那樣富，比上不足，比下有餘。他們擁有舒適的工作環境，過著體面的生活，看上去很美，其實不然。他們的命運是被別人主宰的，習慣於從別人手裡賺鈔票。

有的人跨越了窮人和富人的臨界點，成了真正的富人。這些人真正地走過了由窮人變成富人的旅程，這不能說他們比窮人更幸運。他們成了富人，只是他們比窮人多了堅如磐石的意志，赴湯蹈火的氣魄，滴水穿石的精神，榮辱不驚的姿態。富人首先應該比窮人多這些，然後才是金錢。

窮人總是抱怨命運，總結出一句話便是各有姻緣莫羨人。他們說少年無知，青年無助，中年無錢，老年無奈。命運如此安排，還要我們怎麼樣？其實很簡單，去過窮日子吧！踏實地做你的窮人。

世界上曾經有一個人，少年求學，讀書甚多，卻沒有一張畢業證書；很早便娶妻生子，當了三個孩子的父親時還碌碌無為；經商沒本錢，開張便賠錢。也曾經賺過錢，但他逃不過天災人禍，給他的打擊往往都是致命的。然而就是這個人，卻成為世界上知名的財閥，影響了整個國家甚至整個世界。這個人便是三星集團的創始人李秉哲。

按理說，李秉哲具備許多成為窮人的條件。成為窮人還要什麼條件嗎？當然。在生活當中，許多一輩子庸庸碌碌無所作為的人往往是具備了這些條件，輕輕鬆鬆地，不知不覺地當了一輩子窮人。暮年回首時，惟有一聲歎息：如果我當初，那麼就怎樣怎樣。六十歲想明白了，也晚了，時間不會重來，人生不會重來。

那麼成為窮人需要什麼條件呢？一是家庭條件不錯，衣食無憂；二是三十歲前無所事事，遊手好閒；三是二十五歲之前就有了老婆孩子，成為丈夫父親；四是讀書沒有結果；五是想做事困難重重；六是好不容易做一件事，又輸得一塌糊塗。

如果這六個條件一個人同時具備，那麼這個人很容易成為窮人，一輩子一無所成。

李秉哲這六個條件都具備，然而他卻成為富可敵國的財閥，這是為什麼呢？還是那句話，窮人和富人是有距離的。那麼距離究竟在哪裡呢？又涵蓋了一些什麼東西呢？要弄明白這個問題，還是先來瞭解一下李秉哲這個人吧！

窮人會錯一世放縱一世
富人會錯一時放縱一時

一九一〇年二月十二日，李秉哲出生在韓國廣尚南道宜寧郡正谷面中橋里。李秉哲出身於一個農民家庭，但家境比較富裕。李秉哲是家中四個孩子中最小的一個，在他上面還有一個哥哥和兩個姐姐。

李秉哲的父親李贊雨是個知書達禮，思想比較開放，易於接受新鮮事物的人。他很重視對子女的教育，並且非常嚴格，但他有一套自己的教育方法，那就是曉之以理，他讓李秉哲明白了許多的道理。李秉哲的母親名叫權在林，這是一個性情相當溫和的女人。與父親的嚴格相比較，年幼的李秉哲顯然更傾向於依賴母親，所以他有什麼事情多是和母親溝通說明。

一九二一年的春天，李秉哲十一歲，這時候他已經有了自己的想法和打算了。他不想繼續在家鄉的學堂念書，而是想到新式學校去。李秉哲有了這個念頭，不敢自己去向父親說明，因為怕父親不同意，自己還要挨批評，便先向母親說明，然後求母親代自己向父親求情。

父親從母親那裡聽到了李秉哲這個請求以後，非常痛快地就答應了。因為他早有把李秉哲送到新式學校去接受教育的想法，只是家鄉沒有這樣的新式學校，又考慮到李秉哲年紀太小，一個人到外求學不放心。但現在李秉哲自己提出來，李贊雨也覺得是放他到外面闖一闖的時候了，一來可以鍛鍊一下他的生活自理能力，另外更主要的是想讓他多學一點知識，否則在家裡只是貪玩，學業就會荒廢了。就這樣，李秉哲被父親在這年春天送到了晉州的智水普通學校三年級讀書。在這裡，李秉哲不僅開闊了視野，還結識了不少的朋友。

但因為年輕，總是嚮往著接受更多新鮮的知識和事物。三年級的第一學期結束，李秉哲回到家中休假，這時候，他兩個在漢城讀書的堂兄也回家來了。他們對李秉哲講了許多發生在漢城的事，引起了他極大的興趣。李秉哲的心開始有些蠢蠢欲動，他萌生了去漢城讀書的想法。

這一次李秉哲還是先和母親說的，企圖像上一次那樣，讓母親替自己向父親求情。但這次，母親卻持堅決反對的態度。沒辦法，李秉哲只有自己抱著試試看的態度到父親那裡去碰運氣。

窮人是戀舊的，特別是留戀舊的生活方式，舊的生存環境。因為他們早已習慣並且適應了舊有的一切。這樣的生活方式，生存環境哪怕是一無是處，但只要他們還能在這樣的環境中以這樣的方式生存下去，他們是不會考慮其他的東西的，除非迫不得已。

見過世面，才會有想法，不吃肥豬肉也看看肥豬跑嘛！既然知道積習難改，那就換一個環境試試。

富人總是在不斷地嘗試著新的生存環境，因為只有在新的環境中，才會有新的想法新的思維，才會重新審視自己審視時代，才會知道時代需要什麼，自己應該做什麼。

當然，到新的環境去，需要勇氣，而窮人恰恰就不具備這種勇氣，更沒有膽量，他們更自豪於小車不倒只管推，天塌下來大家死。

李秉哲年輕時就想去非常廣闊的空間，受異樣的生活觀念影響，為自己成為富人奠定基礎，由此可見一斑。

李秉哲知道，要想說服父親，讓自己到漢城去讀書，必須得有充分的理由，並且要選擇一個恰當的時機和場合。李秉哲一直在等待這樣的機會。

一天，李贊雨的一位好友來家裡，李贊雨十分高興，當客人走後，情緒還很高昂。

李秉哲認為這就是最好的時候了。他趁父親高興之際，跪倒在地，陳述自己的想法。李贊雨只是說李秉哲年紀小，而漢城離家又太遠了，到漢城求學，讓家人不放心。李秉哲聽父親這樣說，感到並不是沒有一點希望，就把自己早已想好的理由一條一條地講給父親聽。總之是強調既不耽誤學習，而且還能開闊視野，學到更多的知識。李贊雨聽李秉哲的話也不是沒有道理，最後同意了他的請求。就這樣，李秉哲離開家鄉，踏上了去漢城求學的路。

到達漢城以後，李秉哲暫時先住在嘉會洞的外婆家，並在離家不遠的壽松普通學校讀三年級。在這裡，李秉哲的學習成績並不理想，只有算數一科成績還算突出。讀完三年級又到四年級，四年級的課程結束以後，李秉哲就進了中樂中學速成科讀書。在這裡，李秉哲用一年的時間完成了普通學校的課程，然後升入初中部，繼續學業。

可是就在這個時候，父親李贊雨來信命李秉哲速回家鄉完婚。父母之命不可違，李秉哲只得從命，回到家鄉舉行了婚禮。這一年他十六歲。婚後，李秉哲又回到漢城，進入高中部，開始了真正的寄宿生活。

李秉哲是一個視野開闊，永遠也不滿足於現狀的人。在高中部就讀了一段時間以後，他又有了去日本留學的打算。他把自己的想法和父親說了，但這一次卻遭到了父親的責備。父親並不是不願讓他去日本留學，只是希望他能夠在這裡先完成學業。

但這件事情李秉哲已經下了決心，所以他一定要做，這正是他性格的展現。並且他認為自已已經長大了，有自己的決斷力，可以為自己做主。所以，他不顧父母的反對，毅然決然地踏上了奔赴日本的旅程。

幾經輾轉，到了東京。在東京，李秉哲遇到了從廣尚南道咸安來的朝鮮留學生——在早稻田大學三年級讀書的李舜根。在李舜根的引導下，李秉哲進入早稻田大學專門部政經科讀書。

這時候，李秉哲已經意識到自己在小學和中學都沒有好好地讀書，現在到了大學，自己一定要好好地把握住機會，因為這是最後一次學習的機會了。所以，不僅僅是在課堂上，就是在課下，李秉哲也非常刻苦認真的學習，他非常珍惜這個難得的機會。可是剛剛過了一個學期，第二個學期剛開始，他就患上了嚴重的腳氣病，並且越來越厲害，使他無法進行正常的學習和生活。在不得已的情況下，李秉哲只好提前退學，回到家裡休養。

李秉哲先後曾在晉州智水普通學校、漢城壽松普通學校、中樂學校、日本早稻田大學這四所學校就讀，但在每一所學校都沒有讀完全部課程就中途退學了，所以他沒有一張學校的畢業證書，這是他一生中最大的遺憾。可是在求學的過程中，在晉州、漢城、東京的所見所聞卻讓他開闊了眼界，增長了知識，為以後的成功打下了一個良好的基礎。

退學後的李秉哲回到家鄉休養，沒過多久，身體就恢復了健康。從此以後，他並沒有繼續學業，而是過了幾年隨意散漫的生活，每天無所事事，以遊樂和玩骨牌來消磨時間。而轉變卻是由於一個契機。

有一天，李秉哲又出去玩骨牌了，並且玩到很晚才回來。這時候，他已經有三個孩子了。回到家裡，李秉哲看著躺在床上三個孩子熟睡的臉，突然感覺到自己一直生活在一場噩夢當中。這個噩夢，在這個晚上醒了，他第一次意識到自己虛度了太多的光陰。

這一年李秉哲二十六歲，他認真地回顧了自己這二十六年的生活，簡直一無所獲，如果以後還每天這樣遊遊逛逛下去，這一輩子很快就會被消耗掉了。李秉哲知道，再這樣下去是絕對不行了，他決心要做點什麼事情，以使自己這一輩子不白活。

人生誰無錯？除非是聖賢。

每個人都會有錯，都會放縱自己，無論是窮人還是富人。二者唯一的區別就是富人可能錯一時，放縱一時，絕對不會錯一世，放縱自己一世。而窮人則不同，他們不但錯一時，而且會錯一世，他們從來不以錯為恥，而以放縱自己為榮。

窮人在能混下去的時候不會思考自己的生活方式，更不會看看自己所走過的路。他們在混不下去的時候，最多只能換一種簡單的方式繼續打發生活，這種生活叫度日也叫度命。他們有一千個理由窮下去，就是沒有一個理由從此洗心革面，奮起直追。

富人也可能走錯路，但是當他們發現自己走錯路的時候，無論走了多久，無論走多遠，都會馬上停下來，調整前進的方向，加快自己的腳步，追回浪費掉的時間，重新活一把，不活個虎下山，也活個龍擺尾。

窮人失敗後選擇放棄
富人失敗後選擇重來

那麼做什麼事情更好一些呢？思前想後，最後李秉哲決定投身實業，在這上面試一試身手，因為實業既符合國家的需要，和自己的性格也有些相似之處，很適合自己。

要做事，肯定就要投資，可身無分文的李秉哲哪有什麼資本？在萬般無奈之際，他不得不向父親求援。李贊雨聽完兒子的想法，考慮到他如果一直閒逛下去，不僅荒廢了曾經學過的知識，更可能荒廢了人生，甚至還可能走上歪路，又基於他讀過的書，見過的世面，覺得讓他自己做一番事業也未嘗不可。於是便給了李秉哲一筆年收三〇〇石糧的財產讓他當創業的資本。

這筆資產，如果用來過生活，一年的費用綽綽有餘，但用來做事業，卻是杯水車薪。雖然少了點，最終還是有的，總比沒有強。

窮人和富人選擇自己賺錢的方式是不同的。窮人往往會選擇出力──腦力和體力。富人往往會選擇出資──靠資本營運。

一個人開始創業，按道理來講，都是一窮二白的，誰都知道在這種情況下要生活下去只有去賺錢。賺錢的方式很多，但賺錢的方式就決定了你是窮人還是富人。當然，窮人和富人賺錢的方式是不一樣的。

窮人的賺錢思維是這樣的：我既然沒錢，但我有力，無論腦力和體力，總是有一樣的，只要肯出力，還是有錢賺的。這樣的想法不為過，但是一生都這樣做下去，那就難逃做一輩子窮人了。因為這種人有了多少錢，也是用來消費的，只能保證他生活得好，但不能證明他是一個真正的富人。

富人就不一樣了，他選擇賺錢的方式是投資。這樣的人只要有了一定的資本，就會讓這些資本滾起來，一直處於滾動的狀態，越滾越大。

窮人別說沒錢，就是有錢，也不想去投資更不敢去投資，因為這樣的人一直有想賺怕賠的心理，所以也不會有經營資本的意識，更不會有經營資本的經驗和技巧。也就是說，這樣的人無論一個月賺多少錢，也有個數，固定的數，所以他永遠不會成為真正的富人。

富人投資是無大小的，多有多投，沒有少投，即使投出的錢血本無歸，最起碼也落點兒經驗。等從頭再來時，就會減少更多的失誤，也就有了賺錢的可能。

李秉哲沒有選擇上班，而是選擇了投資，也就是說他是以富人的方式開始的，這也就決定了他要成為一個富人。

透過一段時間的調查和瞭解，李秉哲放棄了很有發展但對自己並沒有多大好處的地方發展事業，而是選擇了離家鄉比較近的馬山，他打算在馬山開一個磨米廠。

李秉哲之所以要開磨米廠是有一定道理的。馬山是一個港口城市，水陸交通都十分便利，而且被稱作糧倉的廣尚南道一帶的農產品都要經過這裡運往各地。同時，從中國東北運來的大量玉米、黃豆、高粱等也需在這裡加工，可是這裡的加工能力卻並不是很強。除了一家規模比較大的日本磨米廠外，其他的磨米廠都非常簡陋，根本滿足不了顧客加工的需要。李秉哲意識到，抓住這一個時機，自己的事業可能就會發展起來。

但要開一個規模比較大的磨米廠，李秉哲一個人的能力是遠遠不夠的。這時候，他想到了尋找合作夥伴，經過仔細認真的考慮，他覺得有兩個人選非常合適，一個是陝川的鄭玄庸，一個是和他同郡的樸正源。這兩個人的家庭都比較富足，而且對糧食加工也很感興趣。李秉哲向他們提出了合作的意向，他們都表示同意。

富人在創業開始時，很明白自己力量的薄弱，這樣自然就會想到合作。合作的力量畢竟大於一個人的力量，同時又降低了加在一個人頭上的風險。這是之所以選擇合作的兩個最基本原因。富人總是真正地明白，商場中沒有真正獨來獨往的獨行俠，為了不在商海中淹死，就不能唱獨角戲，而是要跳雙人舞或多人舞。富人永遠明白雙拳不敵四手，一根筷子容易折，十根筷子折不斷。

試看天下所有的財經巨頭，沒有一個是一手遮天的，他們的身邊總是有著一群人——具有各種特殊才能的一群人。正是這群人群策群力，才托起令人矚目的財經巨頭。

窮人在創業開始或者想創業時，總是認為自己理應天下第一，別人都是無能之輩，就算有點才能也是比不上自己。更何況人心隔肚皮，做事兩不知。兩個人在一起，誰聽誰的，誰服從誰？如果賺錢了，對方比自己拿得多怎麼辦？

窮人一想到這些，還能選擇合作的夥伴嗎？在他們眼裡，別人都是小人騙子，都是雞鳴狗盜之徒，都是成事不足敗事有餘之類。所以這樣的人不可能合作，最終還是自己幹自己的。沒有合作，無論資金，還是運作、力量都是薄弱的，難逃在雨打風吹之下慘澹經營的命運，最終還是一個窮人。

李秉哲、鄭玄庸、樸正源一人出一萬元，籌集了做啟動用的一部分資金。但這些錢，要建一個磨米廠還是遠遠不夠的，於是他們決定向銀行貸款。殖產銀行馬山分行行長平田確認李秉哲他們有償還貸款的能力，便答應了他們的貸款要求。

資金準備好了，又買來了必要的設備，租借了廠房，一九三六年四月，「協同精米所」在北馬山正式成立，李秉哲邁開了他企業家生涯的第一步。

但事情並不如想像中的那麼如意，協同精米所開張一年以後，進行核算，發現資本虧損達到了三分之二，即將面臨著倒閉的危險。這時候，樸正源提出了解散協同精米所的建議。而李秉哲和鄭玄庸則都主張再繼續往下做。因為他們以前從來沒有從事過這方面的工作，第一次嘗試，肯定存在著許多的問題，挫折和失敗都是在所難免的，再試著幹一年，累積些經驗，說不定就有轉機了。經過協商，樸正源也同意了再試幹一年的決定，但卻達成了這樣的協定：如果試幹一年再虧損，要歸還樸正源投資的一萬元。如果試幹賺了錢，除了一萬元本錢外，還要付給他一萬元的資本利息。

窮人與別人合作難，即使合作，也都是心裡有一個小算盤，各打各人的。功勞都是自己的，錯誤都是別人的。

幾個窮人在一起合作，合作的結果無論是賺是賠，都是無法維持。賺了，賺的錢怎麼分，誰拿大頭，誰拿小頭？最終誰也不讓步，引起內訌，不是大打出手，就是對簿公堂。賠了，偷著摸著往自己的腰包裡撈，損公肥私，懷著撈一把是一把的心理幹著見不得人的事。互相之間推諉責任，朋友成了敵人，最後只能分道揚鑣，老死不相往來。

富人合作就不是這樣，相互理解相互支持，有福同享，有難同當。賺了更好，賠了也在意料之中，然後共同分析、總結，找到更好的發展之路。

李秉哲沒有因為虧本與朋友鬧翻臉，而是在發展的基礎上為朋友著想，把風險自己多擔一些。也只有敢於承擔風險的人，才有可能成為真正的富人。

既然已經決定試幹了，那麼就得想盡一切辦法往成功的方向努力。李秉哲認真地思考失敗的原因，最後他發現最根本的癥結在於仁川糧食批發站。他們的糧食都是從這裡購進的，這裡的糧食價格起伏不定，一會兒暴漲，一會兒暴跌。由於第一次接觸糧食加工業，缺少經驗，往往是在糧價高漲時進貨，糧價下跌時又不得不售貨，這樣造成一種反差，自然會導致虧損。

認識到這一點，李秉哲在下一次進貨時就非常注意了，他總是在仁川糧食批發站糧價下跌的時候進貨，然後等到糧價上漲時再售出。這樣，經過一年的經營，協同精米所轉虧為盈，不僅將三萬元的成本賺了回來，而且還淨賺了兩萬元，兌現了當初對樸正源的承諾。

窮人做事，賭的成分大，懷著謀事在人成事在天的心理，不論是做錯了還是做對了，往往不會認真分析思考。成功了，我有本事，失敗了，我不是這塊料，收手不幹了。

富人做事是有目標的，為了實現這個目標，做堅持不懈的努力，出現任何結果都視為平常，都以平常的心態接受，勝不驕，敗不餒，直到實現目標為止。他們認為做得最好的永遠是下一個。

窮人摔個跤會摔暈頭腦
富人摔個跤會摔出膽量

第一次獲得了所謂的成功，給李秉哲增強了信心的同時，也讓他看到未來光明的前途，他還想擴大發展自己，再幹點別的什麼事業。

當時正處在世界性經濟危機當中，日本帝國主義又在韓國境內進行大肆瘋狂的掠奪，農民們在不得已的情況下紛紛離家出外謀生，大量土地荒蕪，地價也急劇下降，已達到了每坪二十五錢的最低限度。因土地無人種植，使得糧食供應緊張，糧價不斷地上漲，達到每斗大米一元十五錢。看到這種情況，李秉哲算了一筆帳，如果收購土地，扣除各種費用，每投資五十元，到年終就可獲得純利潤八元三五錢，這可是一筆相當可觀的收入。因此，他決定在這方面投資。

李秉哲憑著自己的信譽、能力和與平田的交情，再一次向殖產銀行馬山分行貸款，然後在金海平原從日本人天野那裡購得四〇萬坪土地。李秉哲見經營土地有大利可圖，所以在第二年又貸款購買了部分土地。一九三七年的時候，他已經擁有二〇〇多萬坪土地了，成了一個名副其實的大地主。

可就在李秉哲準備再一次擴大土地的經營規模時，出現了變故，日本發起了全面戰爭，在這種情況下，為了集中資金，擴充軍備，日本政府對所有銀行下達了凍結資金的命令。

失去了銀行支持這個強有力的後盾，而且還要償還貸款，李秉哲不得不變賣自己的資產。結果，等到把銀行的貸款全部還清以後，李秉哲又變得一無所有了。從起點走到終點，現在又回到了起點。

一個窮人和一個富人最明顯也是最本質的差別，不是表現在做事能否成功，而是表現在如何面對成功後的失敗上。

一個人如果一輩子沒有成功過，沒有體驗過成功後的輝煌與喜悅，平平淡淡地活著，也就無所謂了。然而只要想做事，去做事，肯定會有成功的可能。**一件事情的成功，往往也是另一件事情的起點，永遠不失敗的人與事是不存在的。**

天災人禍並不以人的意志為轉移，一些東西，並不是受人所左右的，特別是我們平凡人平常人。天災人禍，我們只有承受，承受它給我們帶來的損失和打擊。天災人禍，會使一個人由波峰跌入到波谷，也可能使富可敵國的人變得一貧如洗，資不抵債，同時更有可能把一些人推向走投無路借貸無門的邊緣。

那份失落是常人無法感知的，那份壓力也是非常人所能承受的。

窮人因此崩潰了，一蹶不振，心灰意冷，不是隨波逐流就是聽天由命，更有甚者會自殺。而富人不是這樣，他能坦然接受這些，儘管這些災難與他本人沒有關係。他們會運籌帷幄，積蓄力量，一旦時機到來，就能東山再起。

如此慘重的打擊，的確給李秉哲造成了很大的傷害，但他並沒有被擊倒，他很豁達地想，若想幹點事業，這樣的遭遇是避免不了的，況且這一次失敗最主要的原因是政治上的問題，而這些問題又是他個人能力所無法左右、無法改變的。

李秉哲雖然這樣開導和勸慰自己，但他並不是把所有的責任都推到政治問題上，自己落得一身乾淨。透過這件事情，他吸取了很多的經驗教訓，那就是要想成為一個真正的企業家，在做任何事情之前，必須要仔細分析國內外形勢的變化，然後再制定自己的發展策略。另外一點就是不能貪多求大，企圖一口吃成個胖子。要準確地估量自己的能力，而且不能存在僥倖心理，一切都要腳踏實地地去做。

窮人摔了個跤，不是被摔死就是被摔暈，而且留下嚴重的後遺症。為了不摔跤，往往會選擇不再起來，永遠地趴下去，或是選擇別的路走。

富人摔了個跤，頭腦被摔清醒，明白自己為什麼會摔這個跤，是什麼東西把自己絆倒的。把痛留在心裡，吸取教訓，總結經驗，爬起來，撣撣身上的塵土，還人生一個微笑，繼續前行。他的路在腳下，在心中。

凡事有得必有失，李秉哲經營土地失敗，換來了這些經驗和教訓，雖然代價昂貴了一些，但也算是值得吧！

還清債務，料理好一些事情以後，李秉哲又重新踏上了探索發展之路的旅程。

他考察了朝鮮和大半個中國的許多城市，尋找著自己下一步要走的路。最後經過分析，他選擇了向中國東北出口果品和乾魚這項本小利大的貿易，作為事業發展的新起點。

一九三八年三月一日，「三星商會」在水陸交通方便，貨源充足的大邱市西門市場附近的豎洞正式成立。李秉哲之所以選擇「三星」這兩個字作為商會的名稱，就是希望自己的事業能夠天長地久，強大興旺。因為「三」是韓國人最喜歡的一個數字，「三」代表著大、多、強，而「星」字，在韓語中的意思則是清澈、明亮、深遠和永放光芒。

三星商會成立以後，李秉哲主要做向中國東北和河北一帶出口青果和浦項魚乾的貿易生意。同時，為了以防萬一，不至於發生什麼事情措手不及，沒有一條退路，李秉哲還開了一家麵粉加工廠。

因為事務繁多，李秉哲一個人實在應付不過來，便請當初在早稻田大學讀書時認識的李舜根來幫忙，請他做三星商會的總負責人。李秉哲對李舜根表示了高度的信任，除了一些特別重大的事情以外，商會內外的大小事情幾乎全部由李舜根全權負責。

對於這件事情，有人曾給李秉哲提出過建議，讓他不要這樣大權放手。但李秉哲則不這樣認為，他主張在用人的最初一定要慎重，但一旦認準了這個人，那麼就應該給予高度的信任，所謂「用人不疑，疑人不用」。李秉哲是這樣說的，也是這樣做的。而事實也證明，李舜根沒有辜負李秉哲的信任，他對「三星商會」的發展產生了不容忽視的重要作用。

窮人用人唯親，做事覺得親戚朋友靠得住。在家靠父母，在外靠朋友嘛！打仗親兄弟，上陣父子兵，外人總是很難與自己一條心。這些都是窮人心理，用人唯親，一個人的親屬畢竟有限，有限的親屬中有才能有見識的人又少之又少。做企業，絕對不是一個人兩個人的事情，一個人再能幹，一堵牆也擋不了八面風。

親屬，有有利的一面，但在公司裡，親屬所造成的負面影響也不小，給企業帶來的隱患更大，最終還是親兄弟明算帳，走橋的走橋，走路的走路。在巨大利益面前，親情往往不堪一擊。

富人用人唯才，富人做事講究方法、制度，一切都有章可循有法可依。在這種情況下，廣招天下良才，人盡其才，才盡其用，這樣無形中選才的圈子大了，把多才多能的人招致麾下，大顯身手，這樣的結果是一加一大於二的。

窮人用人不會大膽放手一用，總是製造許多不必要的麻煩來制約所用之人，既要讓馬跑得快，又不敢放開轡繩。有才能的人在窮人那裡待不長也無法待，因為誰也不想讓別人當賊一樣地防著。

富人是用人不疑，疑人不用，既用這個人，就會給他創造良好的環境，優質的服務，讓其大展才華，甚至超常發揮。

總之，窮人是小水池，養不了大魚，更養不了蛟龍。當然，小水池也不會引起什麼驚天大浪。富人則是海洋，無所不容，無所不納，只有大海，才不會乾涸。

窮人只甘心走一個點
富人總想多走幾個圈

在李秉哲、李舜根及其他員工的共同努力下，「三星商會」在短時間內迅速崛起。這時候，李秉哲又想著要擴大規模了，尋找新的合作對象。李秉哲得到消息說有一家日本人經營的釀酒會社因為內部出現分裂，無法再繼續經營下去，要轉讓賣出。李秉哲便非常果斷而快速地用十萬元將之買下。

李秉哲買下這家釀酒會社以後，悉心經營，獲利不少，僅一年，就超過了大邱其他七家釀酒會社而躍居第一位，成為納稅大戶。李秉哲，一個曾經的失敗者，現在又以一個成功者的身姿站起來了，人們不得不對他刮目相看。

可是就在這個時候，不幸的事情又發生了。一九四一年冬，太平洋戰爭爆發，日本對朝鮮的掠奪更為瘋狂。李秉哲所經營的麵粉廠、三星商會和朝鮮釀造除了留下一部分少得可憐的物質外，全部要作為軍餉上繳。在這樣的情況下，別說獲利，甚至都到了停產的地步。

想擴大規模，發展壯大的希望落空，就是自己幾經努力奮鬥而得來的一切也即將成為泡影，李秉哲心裡不能不說有股淒涼和悲壯的感覺。在一九四二年春，他把在大邱的產業交給李舜根負責，自己則回到了故鄉，並在那裡迎來了朝鮮的光復，結束了日本帝國主義長達三十六年的黑暗殖民統治。

朝鮮解放初期，整個社會陷入到相當混亂的狀態之中，各種物資奇缺，導致了嚴重的通貨膨脹。為了維持社會的穩定，李秉哲連同其他九位實業界的知名人士組成了「乙酉會」，並在其間收購了日本人辦的《朝鮮民報》，改為《大邱民報》。成立「乙酉會」，經營《大邱民報》，李秉哲對社會及人生有了更深刻的認識和理解，同時也磨練和提高了自己的社交能力，這為他日後取得更大的發展無疑打下了非常好的基礎。

社會秩序得到了改善，基本穩定以後，李秉哲就開始著手重建自己的事業了。經過努力，已經停止營業的「三星會社」和「朝鮮釀造」又重新運轉起來，並且效益顯著。看著日益興盛的產業，李秉哲又開始打算經營新的事業了。

日本帝國主義對朝鮮長時間的侵略、殖民統治，及朝鮮南北對峙的局面，使得韓國的經濟幾近崩潰的邊緣。國內的工業生產陷於癱瘓，等於一片空白，而且既沒有資金也沒有技術，想恢復工業生產等於癡人說夢。可是全國上下正面臨著重建家園，恢復經濟的重大任務，急需各種物資的供給。面對這種情況，李秉哲意識到只有從事貿易活動，才能暫時舒解一下現狀，度過這一階段以後，一切從長計議。所以，李秉哲決定在漢城經營國際貿易，成立「三星物產公司」。

「三星物產公司」成立以後，發展非常迅速，經營品種達一百多種，貿易對象擴大到美國等許多先進的工業國家。到一九五〇年三月，「三星物產公司」成立僅一年多的時間，就獲利一・二億元，在南韓五四三家貿易企業中位居第七。李秉哲起起落落，迎來了又一次的輝煌。

李秉哲就是一個不折不扣的富人，作為一個真正的富人，別人可以剝奪他的財富和金錢，卻無法剝奪他賺錢的頭腦和理財的思維。

李秉哲幾經沉浮，失敗過，也成功過，但他在失敗面前，從來沒有畏縮過，更沒有灰心喪氣地想放棄自己的追求。他總是能夠保持穩定的心態，在失敗以後，鼓起更大的勇氣，總結過去的經驗和教訓，然後開始新一輪的追求和挑戰。此外，他還能夠審時度勢，正確地估量自己的實力和能力，然後再決定自己做什麼。這些都是促使他成功的重要因素。

在算得上是輝煌的成就面前，李秉哲並沒有滿足，他決定使自己的事業更上一層樓。可是就在他準備大刀闊斧地幹一場的時候，朝鮮戰爭又爆發了，這使得他苦心經營的事業再一次化為烏有。他不得不攜妻帶子，連同公司的部分職員離開漢城，回到大邱以避災難。

戰爭總是與這位富人過不去，總是輕而易舉地把他苦心經營的東西化為烏有。

其實，無論是窮人還是富人，他們的人生軌跡就是在走一個圈，只不過有的人走的圈子大一些，有的人走的圈子小一點，甚至是圓點。

如果拿圈子衡量窮人和富人，窮人走的圈子小，甚至只是一個圓點，原地沒有動。而富人則在一生中走了許多圈子，圈也很大。

窮人只想也只能在一個圈子裡走，周而復始，圈子雖不大，走的路程卻並不是很短，但收穫卻很小。他們不想再多走幾個圈子，也不敢走大一點的圈子。所以窮人終日操勞奔波，最終一無所成。

富人則不然，他能走不同的圈子，走大圈子，不停地走，不停地收穫。儘管一個圈子也有走完的時候，但他卻不重複，也不想重複。開拓進取，是他們前進的目標和動力。

窮人善於嘲笑別人 富人善於證明自己

李秉哲走了好多個圈子，總是從起點又回到起點，看樣子他一無所獲，得到的東西又都失去了，但是，他失去的是一些表面的東西，而豐富的卻是自己的實質。他已經找到賺錢的方法，有了賺錢的素質，他的這些東西永遠不會失去。具備了這些，他就隨時有可能富起來。

在大邱，「朝鮮釀造」還在，它還是李秉哲的資產。但是自從離開大邱，辦起三星物產公司以後，李秉哲基本就不再參與朝鮮釀造的管理了，只是偶爾在書信中詢問它的發展情況，而將所有的責任全權交給在廠的廠長們負責。

李秉哲回到大邱以後，朝鮮釀造會社幾位負責人將幾年之內存下的積蓄三億元交給了李秉哲，希望他能夠再重新開始創業。這三億元對於當時的李秉哲來說實在太重要了，他深深地被這件事情感動了。在當時那麼危險的社會環境中，把會社保存下來就實屬不易了，沒想到他們竟然還存下這麼一筆積蓄。李秉哲這時候深深地體會到了什麼才是患難見真情。不過話又說回來，這也是由於李秉哲「用人不疑，疑人不用」的用人之道所換回來的，他給予對方以高度的信任，而對方也沒有辜負他的信任。

有了這筆錢，李秉哲又開始著手興建「三星會社」了。他攜帶全家來到釜山，在寶水洞買了一個面積只有十五坪的房子住下，又在富平洞買了一間五·六坪的辦公室作為聯絡處，開始進入工作狀態。緊接著又於一九五一年一月一日，在釜山市大街路二街二十號建起三星物產株式會社，李秉哲親自擔任社長。

當時，正處在戰爭期間，無論是軍用還是民用物資都奇缺，都要依賴從國外進口。所以三星物產株式會社建立後不久，在李秉哲的經營和管理下，就取得了顯著的成績。僅一年時間，到年底結算的時候，原來的三億元資本就變成了六十億，整整增加了二十倍，這是一筆相當可觀的收入。但李秉哲並沒有為此而沾沾自喜，更沒有滿足。經過核算分析，他知道這六十億元，很大一部分是由於通貨膨脹而得來的，如果拋開這部分收入，其實並沒有獲利多少。

在當時，韓國的貿易業是相當興盛的，但李秉哲意識到這並不是長久之計，一個國家不可能永遠依靠進口各種物資來滿足廣大國民的需要，而應該有屬於自己的工廠，生產各種物品，然後出口，這才是一條正確的發展之路。

窮人賺錢，富人也賺錢。窮人最在乎的是賺錢的數字大小多少，而富人則注重賺錢的方式。

窮人一向認為有錢了，過上嚮往的生活，便是富人了。因此，他認為有錢便能達到這一步。所以，他是為了賺錢而賺錢，只要錢賺到手，目標也就達到了。這樣的人，僅僅是金錢的奴隸，不是金錢的主人。受金錢主宰的人永遠不會真正地擁有金錢，他的財富隨時都可能失去。

富人注重賺錢的方法，即使他有許多錢，他也要分析錢是怎麼來的，在什麼背景下獲得的，所賺來的錢有多少水分，含金量又是多少，都要做到心中有數。

窮人賺錢只注重結果不注重過程。這樣的人即使成為有錢人，往往也只是曇花一現。

富人當然也善於抓住機會，但是他永遠明白按市場邏輯性的兩個基本要求來檢驗自己，那就是起點的公平，過程的公平。只要在同一起跑線，同一遊戲規則下創造的財富故事，才是最經得起時間檢驗的。

李秉哲是真正的富人，他用一年的時間把三億變成六十億，但他認為這六十億是偶然，而不是必然的結果。這六十億元的盈利不過是建在沙灘上的樓閣，這樣的錢隨時都有失去的可能。

基於這一點，李秉哲決定朝著比貿易業更有利於國計民生的生產性工廠發展，發展進口替代產業。雖然這一決定遭到了三星企業內部其他成員的反對，當然也有支持的聲音。雙方各持己見，都有一定的道理。

但李秉哲個人認為，這是一條切實可行的發展之路，走下去，肯定會有很好的前景。所以，儘管有人反對，但李秉哲主意已定，還是選擇了投資製造業。

就對當前國內市場的考察，李秉哲發現，造紙、抗生素和白糖的生產，在國內幾乎是處於空白狀態，而這三種物資又是百姓生活中不可缺少的。

為了滿足百姓的需要，目前這三種物資完全依賴進口。面對這一情況，李秉哲決定就從這三種物資作為著手的方向，進行生產製造。

李秉哲選擇了製糖業，這在當時的韓國商界成了一大笑談。有人認為這是瘋子行動，韓國人製糖不現實更不可能；有的人持懷疑態度，認為李秉哲是製沙子而不是製糖；有的人認為李秉哲充其量就是一個暴發戶，只知道打腫臉充胖子……

李秉哲也聽到了這些刺耳的議論，而這些令人心酸恐怖的議論並沒有讓李秉哲選擇放棄，反而更加大了他的決心。他知道，讓別人閉上嘴的最好辦法就是造出真正的糖。

真正的富人永遠都是開歷史的先河，走一條別人沒有走過的路，他們有信心更有膽識。而窮人則不然，他們總是習慣守舊，在一個圈子裡轉來轉去，他們追求的就是踏實，在窮踏實的同時也忘不了去譏諷別人。

窮人永遠不知道自己能做什麼，他們只是看富人賺到錢以後，再一窩蜂似的跟著往這個行業裡擠。

李秉哲的製糖業到一九五四年，銷售額已達到七．二二億，獲純利一．六二億，銷售利潤率達二二．四%，自有資本利潤率高達八〇%。

曾經想看李秉哲笑話的人，見製糖也能賺大錢，也開始學著製糖。從一九五四年八月到一九五六年三月，共有七家製糖廠相繼投入生產，其結果導致市場飽和，供大於求。

面對激烈競爭，李秉哲從容果斷地調整前進的步伐，一方面加強管理，降低成本，提高品質，一方面擴充設備，以物美價廉取勝。

李秉哲在製糖業取得了成功，但他沒有就此止步。在他五十多年的企業生涯中創辦了許多實業，涉及領域包括家電業、貿易業、輕工業、重工業、電子業，建築業、國防工業、航空工業、造船工業、尖端技術產業以及服務業。

李秉哲打造了「三星」這艘商業的航空母艦，他本人也成為韓國的第一財閥。在當時的社會，「我是李秉哲」和「我很有錢」成了同義語。

從李秉哲二十六歲之前碌碌無為，到後來「三星」航空母艦的舵手，名副其實的富人，我們可以看出，他擁有許多不能成為富人的理由，可是他都幾次捲土重來東山再起，直到成功。這是為什麼？原因很簡單——他是一個不折不扣的富人，永不言敗。

如果我們現在貧困，還想成為一個富人，那麼就看看我們與李秉哲的距離吧！

第六章：經營細節

（從窮人到富人的工作證）

天下還有許多赤貧者，他們由於各種原因，使自己和家人一直生活在為生存忙碌的軌道上。終日奔波，一刻不得閒，然而收穫甚微。他們是別人眼裡的窮人，過苦日子的窮人。窮人貧窮總是有各種各樣的理由，也會有許許多多的埋怨，但有一條理由不要被忘記，那就是誰也沒有理由貧窮。

國家一直在想盡一切辦法讓人民的生活好起來，時代也給人們提供了過上好日子的良機。可以說現在是一個天高任鳥飛，海闊憑魚躍的年代。千萬富翁不是神話，億萬富翁也不是夢想。上帝青睞每一個想成為富人的人，只要你憎恨貧窮，只要你渴望富有，只要你腳踏實地，那麼你會成為富人的。

由窮人變成富人，是一個質的轉變，這場轉變應該是非常深刻的，它包含著的不僅僅只是金錢的多少，財富的多少，更關鍵的是這個人對窮與富的理解和認識。

不可否認，許多窮人一直為自己富有而努力著，他們渴望一夜暴富，更渴望用最小的努力換取最大的財富。於是，他們參加各種各樣的賭博，比如賭球、賭馬，還有的就是買彩票、玩股票……

天上是有掉餡餅的時候，那也只是偶爾掉一次，不會砸在所有窮人的頭上。

《富比士》排行榜榜上有名的人，沒有一個是靠買彩券排上去的，也沒有靠投機富甲天下的。

到什麼時候，窮人都有做夢的權利，誰也不會剝奪的，但是別忽略了，不停地做夢的人一直是窮人，而富人則在不停地做事。

窮人也想做事，並且想做大事，不鳴則已，一鳴驚人。這種小事不願做，大事做不來的人，就是世界上牢騷最多的窮人。富人是常常做大事的，一件接著一件地做，他們能做，而且也有資本做，並且做得很漂亮。因此，有人認為，這就是窮人和富人的距離。

如果僅僅這樣認為，那就大錯而特錯了。一個富人，一個由赤貧者演變而來的富人，是什麼事都做過的，包括現在這些窮人不屑一顧的，也包括這些窮人夢想做的事情。他是把這些事情都做成了，才成為富人的。

世界上就有這麼一個人，曾經是赤貧者，透過不斷地做事，認真地做事，一步步地成為受人矚目的巨富。在他成為真正富人的過程中，天上沒有掉一個餡餅砸進他的腰包，而是他親手為自己做了一個巨大的乳酪。

這個人就是婦孺皆知的王永慶。

現在的王永慶是一個不折不扣的富人，過去的王永慶則是一個不折不扣的窮人。從窮人到富人的過程中，他是走過來的，甚至可以說是爬過來的。王永慶富甲天下，而且富得讓人心服口服，這是值得我們研究和學習的。從他的身上，我們應該看到我們還缺什麼，也能看出，我們與他還有多大的距離。

如果你認為自己是一個富人了，那麼就看看王永慶怎麼做富人的。如果你認為自己是一個窮人，那麼就看看王永慶是怎樣由窮人變成富人的吧！

窮有多種原因 富有多條途徑

王永慶一九一七年一月十八日出生在台北縣新店市直潭里。當時村裡住著數百戶人家，但生活都相當貧困，很多男人迫於生計，都要到山上去做苦力。但這種苦力也不是隨便什麼人都可以做的，必須要四處托人求情才可以。

男人們在外做苦工，婦女們便在家裡精打細算地操持家務。她們最擔心的一件事情就是米不夠吃，當發現米缸裡的米所剩不多時，她們就急切地盼望山上的丈夫能夠早些把錢寄回來。如果錢寄慢了，沒米下鍋，他們就只好先向鄰居借一些，熬很稀很稀的粥，勉強度日。一直等到丈夫把錢寄回來，再買米還給鄰居。

因為糧食不足，村民們一日三餐大多吃稀飯。稀飯沒有營養，消化又快，所以剛剛吃完飯沒有多久，就又餓了，可是也只好餓著。

日子過得相當苦。村民們只有在逢年過節，才能改善一下生活，預備一些米飯和豬肉，慰勞一下貧寒的腸胃。等年節一過，又開始了吃稀飯的生活。

在當時的年代，百姓生活大多如此，王永慶家自然也不例外。一年辛辛苦苦工作，只能勉強度日，有時候連肚子都填不飽。

生活在這個近乎赤貧的家庭中，王永慶作為家裡最大的孩子，從很小就開始幫忙照顧弟弟妹妹們，而且還時常跟著母親到家附近一條雙軌的鐵路旁，等專門從獅仔頭山運送木材或煤的台車經過，撿拾從車上掉下來的木材或煤塊。王永慶和母親從中挑出一些好的去賣錢，不好的就自己帶回家以備生火燒飯用。

王永慶家有菜園，吃的蔬菜基本上可自給。王永慶家屬於貧農，在當時的社會境況下，根本沒有能力吃得上豬油，做菜的時候只能用一滴兩滴。這樣做出來的菜是什麼滋味可想而知，可就是這樣難吃的菜，王永慶家吃剩了也捨不得扔掉，要留到下一頓熱了再吃。

所有白手起家的富人，都曾經窮過，有的還曾經窮得苦不堪言。可是後來他們富有了，甚至富甲天下。

僅憑這一點，我們窮人就應該有理由相信自己，只要努力奮鬥，奮鬥的方法和方向不錯，到時候也會有收穫的。

由窮人變成富人，首先就應該有耐心，耐得住貧窮，改變貧窮，才會富有。窮，不是我們成為富人之後炫耀的資本，而是我們前進的動力。

儘管家裡很窮，但在父母的支持下，王永慶七歲的時候還是進了新店國民小學讀書。學校與家大約有十公里的路程，王永慶每天一大早起來要先到附近的水井提十幾桶水，把家中大大小小的水缸全部添滿，然後才能步行上學。

晚上放學後，還要把一袋飼料扛回家裡餵豬。

王永慶上學時的書包非常簡陋，只是用一塊粗布對折，兩邊縫合起來。雨具是用竹葉做成的笠帽，至於鞋子，那實在是「奢侈品」。

在王永慶念到小學三年級，家庭陷入到了更大的困境之中。父親王長庚因病臥床不起，整個家庭重擔全部都壓到了母親一個人身上。母親靠種菜、種番茄、養豬來維持生活。看著辛苦工作的母親，王永慶心裡很是難過，於是開始了半工半讀的生活。他找了一份看牛的工作，每月賺五毛錢以補貼家用，就這樣過了兩年。

兩年後的某天，家人發現躺在床榻上的王長庚不見了。四處尋找，終於在曬菜場的角落裡找到了正欲攀榕樹上吊自盡的王長庚。王長庚因不想全家人受到他的病拖累，打算一死了之，幸虧被及時發現才救了下來，當時全家人傷心難過到了極點。

家中貧困，生活壓力大，王永慶對學習漸漸地失去了興趣。對於讀書，他從未認真過，學業成績不太理想。小學畢業以後，也就是王永慶十五歲的時候，就立志闖天下了。

我們只要打開電視機，翻開報紙，經常會看到這樣的消息：某某同學因家庭貧困，無法上學，尋求社會資助，讓我們不禁潸然淚下。為了一點學費，竟然會難倒那麼多可憐的孩子。

向貧困孩子伸出援助的手，這是每個社會公民的責任和義務，我們也曾經這樣做過，也一直在這樣做著。可是，我們在做這些的同時，是不是應該有所反思呢？

然而這些不是我們的悲哀嗎？我們的悲哀不僅僅是為了那些可憐的孩子為了讀書而借錢無門，而是為了他們陷入到一個窮人的生活模式。

在窮人的眼裡，一向認為改變貧窮命運的辦法就是讓孩子考大學。孩子考上大學，既能改變家庭命運，也能改變孩子自己的命運，也就改變了窮人的命運。考大學，幾乎成了窮孩子人生中的華山小徑。

在窮人眼裡，考上大學，就等於上了天堂，一生從此可以光明燦爛。考不上大學，就下了大獄，開始重複窮人的命運。

不能不說，這種想法是錯誤的。有些事情可為，有些事情不可為，假如家庭條件實在不好，為什麼不讓孩子選擇另一條路走一走呢？

人一生下來就窮，不是我們的錯，但我們一直窮下去，就不可原諒了。

放棄我們無法堅持的東西，選擇我們可以選擇的東西，這才是我們真正的出路。靠別人可憐與施捨的人，是成不了真正的富人的。

窮人知道保位置
富人知道換位置

王永慶從小就認為貧窮並不可怕，可怕的就是沒有鬥志。家庭的現狀讓王永慶沒有執著於走因書而仕，因仕而貴的「成才發達」之路，也沒有繼續貧窮的生存模式——靠茶為業，而是離開了做什麼也富不起來的家鄉，單獨闖天下了。

導致我們成為窮人的原因很多很多，如果我們想成為富人，就必須要知道我們為什麼會窮，然後迅速放棄重新選擇。

王永慶所在的直潭里，數百戶人家，皆因貧窮而沒錢上學讀書識字，村民大多是文盲或是半文盲。王永慶的祖父王添泉以教書為業，進而使王家多少有一些書香氣息。但這於貧窮是沒有任何幫助的。由於生活的困苦，王添泉對教書沒有多大的興趣，他甚至沒有教王長庚也就是王永慶的父親讀書識字。

以後，王長庚透過自身逐漸地認識到沒有知識，不受教育才是貧窮的根本癥結。於是在王永慶七歲的時候，王長庚夫婦把他送到了新店國民小學讀書。

鄉下人家活兒多，家裡人手不夠，總需要孩子幫忙下田幹活或放牛。又由於經濟困難，所以有很多家長都不讓孩子去學校。於是老師便一家一家地去走訪，希望能夠說服家長改變主意。老師費盡口舌解釋上學的必要性和重要性，但家長們還是不為所動，並找出各種的理由拒絕讓孩子上學，正因為這樣，有許多孩子都被延誤了上學時間。所以，當王永慶進入新店國民小學讀書時，同班的同學都比他大，有的甚至大他一倍還多。

王永慶在新店國民小學讀書時成績並不好，一直都是班上最後十名。這主要是他對書本沒有什麼興趣，好像也沒有特別認真地學過。用王永慶自己的話說就是：**「每個人都有不同的天性，有的人對學習就不感興趣。我讀國民學校的時候，對念書缺乏興趣，因為我實在不清楚念書的真正意義在哪裡。如果我不知道意義何在，做什麼事情都會覺得很辛苦。在這種情形下，能逃避的話，就會儘量設法逃避，至於逃避不了的，做起來也是很不耐煩，自然就馬馬虎虎，能應付過去就算了。」**

富人肯定是敢為型的人，但並不是說富人什麼都敢做，他們很明智，知道自己什麼可為什麼不可為，從來不堅持做自己不能為之事，哪怕是在別人看來最有前途的事情。

做事貴在執著，但不明智的執著就是犯傻。世上有許多我們喜歡的職業，特別是那些不費體力不費腦力而且名利雙收的職業。

好夢人人會做，人人都有做好夢的權利。把好夢變成好事，把好事變成事實，卻沒有那麼容易，有時再努力，也只有事倍功半或者一無所獲的結果。

富人喜歡做好事，但他只做他能做的好事。因為他非常明白自己適合做什麼，自己不能做的事，無論自己怎樣努力，也不會有理想的結果。

窮人愛做夢，而且愛做好夢。有的窮人一生都活在好夢中，最後只能用「如果……就」的感慨來了卻自己的一生。有的窮人特別喜歡做不出力而且賺大錢出大名的事，往往事不遂人願，於是便怨天尤人，歎世界伯樂太少，罵老天爺有眼無珠不成人之美。

王永慶對讀書沒有興趣，並且也知道再讀下去也不會有理想的結果。由於家境貧寒，小學畢業以後，就輟學回家了。在獲得成功以後，王永慶回憶起自己上小學時的經歷，不無感慨地說：「如果當時知道讀書的重要性的話，一定會告誡自己用心一點，努力一點，說不定會念初中、高中，如果是這樣，對自己的事業就會有更大的幫助了。」

從王永慶這簡短的幾句話中，我們可以看出他對知識的渴望和重視，同時我們也無法否認知識對一個人的發展在某種程度上能產生至關重要的作用。一般來說，知識多的人發展事業要比知識少的或是沒有知識的人來得容易，但這也並非是絕對一成不變的。

王永慶從來沒有受到更多的、系統的、正規的教育，但他卻取得了令許多有高深知識的人都望塵莫及的成就，並且他自己也成功地領導了更多具有高深知識的人。王永慶之所以能夠做到這一點，是因為在實際生活中，為了更好地生存下去，透過自身的拼搏和努力，獲得了一樣最寶貴的東西——實力。王永慶事業的成功正是因為不斷地增強自己的實力，從無到有，從弱到強，一點一點取得的。

一九三一年，王永慶十五歲的時候，經父母的同意，在二叔王水源的介紹下，去嘉義當了米店的小工。王永慶沒有因為離家而感到悲傷，相反的，他滿心地歡喜和欣慰，因為他好不容易找到了一份工作。

樹挪死，人挪活，這是千古不變的道理。道理誰都明白，可是並不是任何人都想挪都敢挪的。

人往高處走，水往低處流，這是必然趨勢。可是窮人卻認為窮死不離家，餓死不離鄉。他們認為背井離鄉寄人籬下是恥辱的是可悲的。

富人不這樣認為，他們認為青山處處埋屍骨，哪裡山水都養人。普天之下，哪裡更適合自己生存，哪裡更適合自己發展，就到哪裡去。

「好男兒志在四方」，要想幹一番事業，就應該有這樣的氣魄。對家有太多的依賴和依戀，哭哭啼啼地欲走還留，還談什麼去闖天下。

王永慶離開家時，只有十五歲，還應該算是個孩子。在正常的家庭中，他本應是在父母無盡的關心和疼愛中，過著幸福的日子。但生計所迫，他不得不走向社會，開始工作養家糊口。他並不是淡漠家的存在，在家裡雖然日子苦些，但是在父母的身邊，凡事都有照應。可是離開家，走到外面去，獨自一個人，他要面對劈頭蓋臉而來的所有風雨。這對十五歲的王永慶來說是一個相當嚴峻的考驗，但王永慶卻樂於接受這種考驗，因為他希望到外面更廣闊的天地中施展拳腳，歷練自己，大刀闊斧地幹一番，以改變艱難的生活處境。

對於家，窮人和富人的理解和看法也是不同的。

對於窮人來說，家就是他們的唯一，家是他們的奮鬥目標。在他們的一生中，成家立業是主要內容。

窮人眼裡的家，包括房子、妻子和孩子。為了成家，窮人會省吃儉用地存錢拼命地賺錢，寧可借錢貸款也要買房置地，然後再娶妻生子。在此之前，什麼也不想做，什麼錢也不敢花。

窮人本來就沒錢，然而為了成一個家，幾乎傾其所有，又要欠下幾年甚至十幾年都難還清的債務。個人的發展，猶如參加中長跑比賽，窮人在起點就背上沉重的包袱，前進困難，步履艱難。以這種方式參加比賽，別說奪冠，能不能到達終點都是問題。

家，對窮人來說，就是一道繩索，捆住了他們的手腳，成了一片樹葉，擋住了本就不明亮的眼睛，使他們看不見十步遠的森林。

家，對富人來說也很重要，但他們面對家與事業，他們還是先選擇事業，因為他們認為事業才是養家之本。

沒有家，就少了一份牽掛，就多了一份冒險的膽量。

窮人把家視為一個避風的港灣，在受傷的時候，在疲憊的時候，家都會給窮人無限的慰藉。但窮人看不到家有時也是一個囚籠，這個囚籠裡面有一套固有的生活模式，這種模式對窮人的生存和發展，往往是弊大於利，它會把窮人的手腳束縛住，甚至把窮人活活困死。

賺脫這種模式走出家，前方可能就是一片輝煌，若是走不出去，將來肯定是一片昏暗。我們每個人都被一種生活模式包圍著，這種模式的形成可能與外界的自然條件有關，可能與人的思維方式有關，更有可能的是它或許有幾十年、幾百年甚至幾千年的歷史。我們不能一棍子把它打死，說這種生活模式一無是處，這是不客觀不實際的。但我們無法否認，而且應該更清楚地意識到：隨著社會不斷地向前發展，所有的一切都在進步與發展。而固有生活模式的許多方面是與這些進步與發展相悖的。如果人還遵循著它，那麼肯定是要後退的。典型的窮人，窮人時時刻刻都想著做富人，但從來不去創造機會，有了機會也不珍惜機會，只能到處抱怨，彷彿天下就數他不幸，他的窮是別人造成的，是別人跟他過不去。這樣的人可能要抱怨一輩子，但他也要窮一輩子。

窮人和富人的距離就在於有的人能找對自己的位置，有的人就不能。

富人永遠清楚地知道自己在任何時候的位置，也明白自己要到什麼位置上去，更知道從這個位置向那個位置移動時，自己應該做什麼。

窮人永遠也找不到自己的位置，即使有一個位置，也不知道在這個位置上應該做什麼。就算他知道，做的也就是保這個位置，手段也是高成本的。

如果一個人目前還是一個窮人，若想改變自己的處境，首先應該看自己是處在一個什麼樣的生活模式中，這其中有多少是有利發展的，又有多少是有礙發展的。把有利的方面利用好，把有害的方面避開。

走出來，暫且不管結果是成功還是失敗，畢竟是有了一線生機和希望，這比死守一方毫無希望要好得多。並且應該相信，付出總有回報，只要真正努力去做了，總能有成為富人的可能和希望。

窮人經商，經營的是自己的帳本
富人經商，經營的是自己的人品

基於祖父做茶農沒有發展的訓話和在家鄉連一個做苦力的工作都找不到的事實，王永慶十分珍惜到米店當小工這份來之不易的工作。雖說這並不是一件什麼特別好的職業，但他做起來卻十分賣力，兢兢業業，全力以赴。他每天幹活時，兩眼總是直盯著老闆的一舉一動，暗中觀察、瞭解老闆是如何經營米店的。日子久了，就掌握了許多經驗和竅門，這為他次年自己開米店，獨自經營奠定了很好的基礎。

「不想當老闆的員工永遠是別人賺錢的工具，也永遠變不成真正的富人。」也就是說沒錢的人不能滿足於當下所擁有的一切，而是應該朝著更高更遠的方向前進，這樣才會成為一個有錢人，成為一個富人。

王永慶絕對可以稱得上是一個大富豪，即使那時他還很貧窮。他不甘心於做好自己的本職工作就心滿意足了，他希望自己能夠學到更多更好更有用的東西，有更大的發展。這幾乎是所有富人的共有特徵之一。

永遠不滿足即得的一切是推動想成為富人的人向前的巨大力量，但僅有力量沒有行動還遠遠不夠，用心觀察用腦思考往往是行動的第一大步驟，這尤其適用於最初階段。

社會和生活是一本最實用的百科全書，如果你還是一個窮人，需要什麼只要虛心向它請教，總會得到一個圓滿的答案。在這個世界上沒有哪一個人會一下子就能成為真正的富人，真正的富人都是由最初的小成就一點一點聚積而成的，而小成就的得來有很大程度上就是依賴觀察和思考，然後去自我實踐。

富人知道自己的精力是有限的，有很多事情都無法一一去親自經歷，但又有許多經驗是他們急需的，這時候只能去請教書本或是從他人身上尋找來滿足需要。所以無論在何時何地何人身上，一旦發現了閃光的、有利於他自己發展的東西，就要立即捕捉住，據為己有。但這絕對不是一個機械地拿來就為自己所用的過程，而是需要結合自身進行縝密的思考，有新的超越，爭取不斷超越自己超越別人才可以。

人是活到老學到老的，這個世界上需要我們掌握的東西實在是太多了，尤其是青年人經驗少，閱歷淺，初入社會局面很難一下子打開。雖然有做富人的願望，但切勿急躁，只有極力用心捕捉一切對自己發展有利的東西，把自己武裝好，才不至於在成為富人的道路上陷入窮途。

王永慶在這方面可以說做得相當不錯，他最初只不過是米店裡的一個小工，沒有任何有關經營方面的經驗，可是王永慶不願意一輩子待在米店裡做一個小工。於是他認真地觀察老闆怎樣經營米店，然後再運用自己的思維，形成自己獨特的經營理念，日後運用起來，收到了意想不到的好效果。

在米店做了一年小工以後，也就是十六歲的時候，王永慶以父親王長庚四處張羅借來的二百塊錢做本錢，在嘉義開了一家米店，自己當起了老闆，並把大弟王永成和二弟王永在叫來店裡幫忙。

俗話說萬事起頭難。王永慶的米店開張亦是如此。米店的顧客是每個家庭，而一般的家庭由於每天都要吃米，經常購米已經有了固定的米店，新米店要拉攏顧客自然有很大的困難。為了確保米店的生意，王永慶沒有辦法，只得一家一家地去走訪，以推銷他店裡的米，這樣才好不容易爭取到幾個客戶。

面對困境，王永慶陷入到沉思當中：「如果我的米的品質與服務不比別人好的話，這幾家好不容易爭取來的試用客戶說不定在試用後，又會回到原來的米店。這樣一來，連原有的幾個試用客戶也保不住了，還怎樣去爭取其他的客戶呢？」

最後，王永慶決定在米的品質和服務上狠下功夫。在當時的年代，農村還是相當落後，稻穀收割完之後，多是鋪在馬路上曬，然後再碾成米。這樣米裡會摻雜一些米糠、砂粒、小石頭之類的東西。這在當時是一種相當普通又普遍的現象，無論賣米的還是買米的都習以為常見怪不怪了。但王永慶卻認為這樣的米品質不好，為了提高米質，王永慶就把米裡摻雜的米糠、砂粒、小石頭等雜物一一挑揀乾淨，然後再賣給顧客。

花同樣的錢，當然要買品質好的東西，這幾乎是每一個購物者的共同心理。王永慶抓住顧客的這一心理，為米店贏來了更多的客戶。但隨後王永慶又發現，只有顧客上門時，米才會賣出去，這樣就顯得相當被動。於是經過研究思考，他想出了一套變被動為主動的方法。

當有顧客上門買米時，王永慶便提出要求說要幫忙把米送回去。顧客當然會答應他的要求，米那麼重，有人願意幫忙送到家裡，這正是求之不得的好事呢！

王永慶把米送到顧客家裡，倒入米缸裡放好後，便掏出一個小本子記下米缸的容量，並詢問一些問題，諸如家裡有幾口人，幾個大人，幾個小孩，大人一頓吃幾碗飯，小孩又吃幾碗，一天的用米量大概是多少。對於顧客來說這並不是一件難事，很快就告訴了他。王永慶記下這些以後，便許諾顧客以後不用自己去米店買米了，他會親自送貨上門的。而對於這樣方便的事，顧客自然是樂於接受的。

於是，王永慶就根據這些統計出來的資料計算每位顧客每月的用米量以及送一次米可以食用的大約天數。在顧客的米快要吃完的前兩三天，主動把米送到客戶的家裡。這樣既方便了顧客，同時更為米店留下了一批固定的顧客。

王永慶除了送貨上門的服務外，還有一些額外的服務。比如在把米放進米缸之前，先將陳米取出，將米缸清洗一下，然後把新米放入，再把陳米放在上邊。

米賣出以後，緊接著就是收錢的問題，什麼日子去收錢合適呢？王永慶開始考慮這個問題。對於大多數薪水階層的人來講，最合適的時間莫過於發薪水的日子。於是王永慶便開始調查，然後把顧客分門別類，一一記住他們發薪水的日子，等顧客發了薪水以後，再去收款。

王永慶經營米店，在米質、服務以及收款等方面的創新大受顧客的歡迎。大家對王永慶的印象普遍比較好。於是一傳十，十傳百，米店的生意越做越好，由最初開業一天一包十二斗的米都賣不完，到一兩年後，一天可賣出十幾包米，營業額增長了好幾倍。

台灣有句俗話說：「糶米賣布，賺錢有數。」意思是說米與布的營業額很大，因此利潤應該儘量壓低。當時的一斗米有十二斤，賣給顧客是五角一分，而本錢是五角，也就是說一斗米只有一分錢的利潤。利潤太少，想賺錢就顯得很難。因此，王永慶為了爭取生意，做得格外勤勞和努力。

一天凌晨兩點多鐘，外面正下著大雨，嘉義火車站對面的一家客棧的廚師來敲米店的門。

因為半夜有旅客來住宿，等著吃飯，急需一斗米用。

賣一斗米才賺一分錢，而且還是在下著大雨的半夜裡，不要說是現在，就是在當時的那個年代中，換作一般的人，要麼假裝聽不見有人敲門，要麼聽見了，也乾脆告訴對方不賣了，誰能為一分錢受那份罪？可是王永慶沒有這麼做，聽到有人敲門要買米，他二話沒說，從床上爬起來，背上米就給送去了。

從這一件小事上面，可以看出王永慶與眾不同之處。他半夜冒雨送米，可以理解成是為了賺錢，還可以理解成是為了米店的聲譽，但這其中更展現出了一種難能可貴的精神。

窮人經商，他會把顧客當成傻子，惟有自己最聰明。他們不是經商，而是打著經商的幌子去騙錢，甚至是去搶錢，眼裡盯著的是錢，心裡時時打算盤，渾身都散發著銅臭味。

顧客對這種人，也會吃他的虧上他的當，也會讓他賺到一些錢。但是，窮人永遠也不會明白，他的財富是來自他的顧客，惟有顧客在的時候，他才會財源滾滾。可是，他卻以為顧客是傻子，會不斷地給他送錢來。然而，只有真正的傻子才以為世界上他最聰明。

窮人經商，經營的是他的帳，想的是如何自己最划算，不當一回傻子，不吃一回虧，哪怕是蠅頭小利。他碗裡的水，不能往外灑，他的耙子只能往裡耬。以賺一把是一把的心態，把作為商人無價的東西去典當和拍賣，統統換成現金，然後攥得死死的，怕自己最親近的人偷去。

欺騙顧客一次，就等於抽自己一次血，剁自己雙腳一次。本來很寬闊的經商之路，在窮人的腳下卻越來越窄，最後自己只能走進死胡同。由於自己的血已經抽乾，雙腳已經失去，只能讓死胡同把自己埋葬。

典型的窮人做生意！窮人做生意是越做越窮，直到把自己做死。

富人經商，他會把顧客當成上帝，當作自己的衣食父母，上帝和衣食父母無論如何也不能欺騙的。他們經商也是為了賺錢，但他們希望他們的錢是顧客心甘情願地送到自己的腰包裡，自己拿著也舒舒服服。他們認為顧客的利益是第一位的，只有維護顧客的利益，自己才有利益可言。

顧客對這種人，是心懷感恩的心情來他這裡消費的，接受他們的服務是自己最大的快樂。顧客也會把他們這種快樂告訴自己的親戚朋友同事鄰居，讓他們也來分享這種快樂。富人永遠都會清醒地知道，他銀行帳戶上的數字是他的顧客一筆一筆地寫上去的，惟有顧客在的時候，他帳戶上的數字才會不斷地增加。為了這個，他寧可成為傻子，傻得可愛，傻得可敬。然而，只有甘願做傻子的人才是世界上最聰明的人。

富人經商，經營的是他的人品。他知道，連人都做不好的人，是什麼也做不成的，更不用說經商了。他也知道捨與得的關係，只有能捨，才能得，付出和收穫是他的手心和手背。他用自己的尊重換取顧客的信任，他用自己的信譽贏得顧客的支持，把自己看作魚，把顧客看作水。魚的生命與生存都離不開水，這是富人經商的第一要義。

尊重顧客一次，就等於往自己的小舟之下注了一次水，給自己升起一寸帆。本來很窄多礁的經商之航道，在富人的付出之後，就會一帆風順，使自己的小舟變成大船，漂河過海駛入大洋，最後把自己的大船變成超級的航空母艦，無論境遇如何，都能乘風破浪。

富人做生意，首先是把自己經營好，然後再去經營他的生意，他不但做有形的東西，更注重無形的東西。

窮人喜歡富人的樣子
富人堅持窮人的生活

王永慶十六歲的時候自己開了一家米店，經營一年以後有了許多固定的客戶，為了改善純粹賣米的困境，王永慶用賺來的錢買來了碾米的設備，把米店擴大成了碾米廠。

當時距王永慶碾米廠五十公尺的地方也有一家碾米廠，是一個叫福島正夫的日本人開的，規模是王永慶碾米廠的三倍。同是經營米店，但由於台灣在日本人的統治下，日本人和台灣人的待遇相差非常懸殊。福島正夫在很多方面的條件都要比王永慶優越，但王永慶並沒有因此而產生顧慮。他不服輸，他下決心要贏過福島正夫。在條件方面不如他，那就在其他方面尋找反向的補償。

福島正夫的碾米廠工作不到下午六點就收工，王永慶就做到晚上十點半才收工，平均每天多做四個小時，再有每天福島正夫都要花三分錢去洗熱水澡，而王永慶就在屋外的水龍頭下洗冷水浴，即使是冬天也不例外。王永慶認為，每天省下三分錢，就相當於多賣出三斗米的利潤。就靠著這樣一點一滴的累積，王永慶碾米廠的營業額超出了福島正夫幾倍。

一旦認識到自己的不足，就趕緊想盡方法地進行彌補，王永慶是當之無愧的智者。王永慶自知在硬體上無法與福島正夫相抗衡，但又要確保碾米廠的經濟效益，所以只能在夾縫中尋求發展。然而在我們的生活中，有些人，尤其是步入社會沒有多久的年輕人，卻遠沒有王永慶這麼明智。他們擺出了一副天下之大唯我獨尊的架式，對誰都是一百個不服，一千個不忿。

其實，有這種心態未嘗不是一件好事，因為不服氣，就會產生一種意念想去超越，但它的大前提卻是在必須承認事實的基礎之上。儘管你怎樣不服氣，都不得不承認「天外有天，人外有人」這句話，在你之上的人比比皆是，如果你對此置之不理，盲目地瞎不服，只能說是一種窮人的行為，這樣不但不會進步，而且還會在社會中撞個頭破血流，最終只能使自己貧窮而已。

看清事實，正視事實，承認事實，然後尋找能讓自己進步的道路，才是一個真正富人之舉。像王永慶那樣每天延長工作時間，洗冷水浴，這並不是王永慶心甘情願的。他也很無奈，但為了碾米廠在將來能夠擴大規模，他只好這麼做。

每天延長四個小時工作，可以多賺一些錢，洗冷水浴又可以省下三分錢，這樣一點一滴地累積，日久天長，就可以存下一筆資金，用於擴建生產規模。一個企業的發展，最首要的問題就是資金的籌措。當你無力籌措足夠的資金，用於大的發展時，從小處做起，充分調動手中有限的資金，讓它發揮出最大的作用去贏得最大的利潤，也就是所說的用錢去賺錢，同樣可以達到發展壯大的目的。

有一個故事，很能說明問題：

一個窮人遇到了上帝，上帝問窮人，你為什麼窮？窮人說，我沒有錢。上帝又問，你有錢就富有了嗎？窮人說，有錢我就能變成富人。

上帝給了窮人一百萬英鎊，讓窮人去做富人。如果五年以後，他真的成為富人，那麼再給他一百萬英鎊。

窮人拿著一百萬英鎊，先去富人區購買了一套高級別墅，又去購買了一輛賓士轎車並雇用了司機，又去商場購買了名牌西裝內褲襯衫，又到勞務市場雇了佣人、廚師，真正地過起了富人生活，安心地等著第二個百萬英鎊的到來。

兩年時間，富裕的生活花光了窮人的百萬英鎊，沒有錢再給佣人和司機的薪水。在佣人和司機看來，再富有的老闆不給他們付薪水也是窮老闆，紛紛辭職不幹了。沒辦法，窮人賣掉了賓士車，換了一輛本田車，拿著錢又去雇些佣人和司機，為了五年後的百萬英鎊，他必須過著富人的生活，出入高級娛樂場所，玩著有錢人玩的東西。

兩年過去了，高昂的富人生活費又讓他兩手空空，最後又賣掉了別墅，住進飯店，繼續過著富人的生活，花天酒地，醉生夢死。

五年彈指一揮間，窮人如五年前一樣出現在上帝面前。他向上帝懺悔道：「再給我一個百萬英鎊，我肯定會珍惜，會勤儉節約的。」

上帝笑了：「我說過，五年以後你成了富人，我再給你百萬英鎊。可是你現在依然是個窮人，你讓我怎麼辦？五年間，你沒有別墅、汽車、佣人，不穿名牌衣服，不出入高級娛樂場所，你想你還是一個富人嗎？」

「當個富人有這麼難嗎？」窮人從來沒有想過這個問題。

「如果你是富人，當初我給你百萬英鎊，五年後你會給我百萬英鎊。如果你是窮人，當初給你百萬英鎊，五年後你還會向我要百萬英鎊。窮人總是說富人浪費、貪婪，事實上窮人比富人更浪費、更貪婪！」上帝拿著他的百萬英鎊走了。

窮人失敗後找藉口　富人失敗後找原因

王永慶是一個不折不扣的富人，這和他有沒有錢沒有關係。富人永遠清楚地知道錢從哪裡來，應該怎麼用，而窮人不知道。

窮人和富人都要花錢，但卻要看把錢花在什麼上，花在什麼時候，怎樣花。在關鍵的時候把錢花在刀刃上，這才算得上會花錢。王永慶是個會花錢的人，因為會花錢，所以能用錢去賺錢。

王永慶就是這樣將手中規模較小的碾米廠最大限度地加以利用，而獲得超出福島正夫幾倍利潤的。王永慶是利用手中有限的一切，想著法兒地去發展去壯大。

一九四一年，王永慶二十五歲，台灣的稻穀因為缺乏肥料而收成大減。同時由於戰爭關係，物資極度匱乏，日本開始實施配給制度。實施配給制度以後，便要求稻米集中在一兩家碾米廠加工。嘉義原有的十二家規模不同的碾米廠實施這項制度以後，僅留下了兩家，王永慶和福島正夫的碾米廠都被迫關門了。

米店和碾米廠是王永慶十年辛辛苦苦經營的成果，關門了對他來說不能不是一種打擊和傷害，但王永慶並沒有因此而一蹶不振。貧寒的家境以及在極其惡劣的條件下創業的艱辛，已經使年輕的王永慶深刻地意識到：先天條件以及客觀環境的好壞都不足以喜亦不足以憂，一個人要想成功，最關鍵的就在於自己的努力。

這個信念在以後漫長的歲月中，始終深深地影響並支配著王永慶的為人處世態度。在創建台塑集團企業的過程中，曾遭遇到種種困難，王永慶都是以這個信念勉勵自己，一次一次地攻克難關，持續邁出了穩健的腳步，然後實現成功和不斷的自我超越。

由於碾米廠結束營業，王永慶不得不暫時離開米業，到嘉義民雄開設了磚廠。磚廠燒窯需要煤炭，可是當時由於勞動力不夠，煤炭產量很少，王永慶特意跑到台北，托人求情找關係搞到了一百多噸煤炭。可是當時正處在戰爭時期，火車的車廂不足，運輸相當困難。王永慶的一百多噸煤炭一時間無法運回民雄。後來想盡方法好不容易運回來了，日本警察又強迫磚廠立即停工。因為磚廠用煤炭燒窯的時候，會有大量濃煙冒出，濃煙會有損稻穀，而當時正值稻子開花之時。王永慶與日本警察再三交涉，可是仍舊是沒有結果。

王永慶磚廠的員工都是當地的一些漁民，為了使自己不至於失去工作，他們一致希望磚廠開工。當時這些漁民所食用的糧食都是配給的，他們願意主動將配給的米交給警察機關，請求警察機關停配他們應得的米量，以賠償稻穀所受的損失，進而使磚廠正常開工。

就這樣，王永慶的磚廠在極其艱難的情況下開始生產。但由於煤炭的短缺，供應不上，王永慶把磚廠搬到了板橋，但磚廠在板橋經營一段時間以後又因故倒閉了。

王永慶苦心經營的米店和磚廠都相繼關門了，王永慶開始反省自身方面的原因。

任何人做事，都會有失敗的可能，包括窮人和富人。

窮人做事失敗後，第一件事就是找藉口，為自己找藉口，為失敗找藉口。藉口是很容易找到的，這些藉口讓窮人心安理得地接受失敗，名正言順地選擇了放棄。

藉口是比海洛因還能讓人上癮的東西，這種東西剛用時能有鎮靜安神之功效，附帶讓人產生美好幻覺的作用。然而用久了，就有腐蝕神經和肌體的副作用，摧垮一個人的精神和意志。

一個人，可以找到很多藉口為自己的失敗開脫，但這些藉口也形成一個個台階，讓窮人順著台階自然而然地走進無法翻身的無底深淵，最終老老實實地做一輩子窮人。

富人在任何情況下也不為自己找藉口，他知道再完美的藉口對他一點作用也沒有。他要找的是解決問題的辦法和總結失敗的經驗教訓。這些也是一個台階，但這些台階會把富人送到事業的頂峰。

在當時的鄉下，幾乎每戶家庭都要飼養一些雞、鴨、鵝等牲畜以便換些錢補貼家用。由於當時戰爭的原因，糧食嚴重短缺，人都吃不飽，更不用說餵給鵝什麼糧食了。一群鵝只能到外面的野地中，去吃野菜和野草。

一般來講，鵝的生長速度是很快的，四、五個月就能長到五、六斤重，可是由於沒有糧食餵它們，只能靠吃一些野菜和野草充饑，四、五個月下來，瘦得皮包骨頭，只有二斤重多一點。

看到這些瘦鵝賣不出一個好價錢，王永慶就在心裡想：「如果我能找到飼料的話，就能讓它們強壯起來。」

後來透過自己的觀察，王永慶發現農民在採收高麗菜的時候，把菜根和粗葉都扔在了菜園中。王永慶雇人把那些菜根和菜葉撿回來，再從碾米廠買回來稻殼和碎米，混合起來就製成了鵝的飼料。

接著，王永慶到處向農民收購瘦鵝，集中起來飼養。飽受饑餓折磨的瘦鵝看見食物就拼命吞食，由於它們的消化能力比較強，剛剛吃完，幾個小時以後看到食物又會狼吞虎嚥地吃起來。這樣周而復始，原本很瘦的鵝，經過一、兩個月的飼養就變得又肥又大，能達到七、八斤重。根據飼養瘦鵝，王永慶得出這樣兩點啟示：第一，一個人在失意時，要像瘦鵝那樣能夠忍受住饑餓，進而磨練自己的忍耐力和承受力，只要能挺過來，一有機會就要像瘦鵝一樣，迅速地使自己變得強壯起來；第二，瘦鵝之所以瘦，不是它本身的原因，而是飼養者的飼養方法不當，就如同在某一行業做得不成功，不是這一行業不行，而是取決於你採取一種什麼樣的方法去做一樣。

領悟到這兩點以後，王永慶開始了新的創業歷程。他一邊開磚廠，一邊養鵝，為自己一點一點地累積原始資金。

富人的性格使王永慶不拘泥於一條路上。他看見嘉義除了是稻米的集散地外，還是木材的集散地，於是王永慶開始做木材生意。可是由於缺乏經驗，導致血本無歸。這一時期，可算得上是他前半生最暗淡的一段日子了。不過好在有人相助，王永慶才得以恢復和發展。

窮人做任何事情都怕失敗，不但沒有堅定的信念和恒心，做事也是三天打漁兩天曬網，或是遇到了一點困難就打退堂鼓，這樣的人結果肯定是必敗無疑。相反的，富人做事就有堅定的信念，有自己清楚的奮鬥目標，即使失敗也不輕言放棄，他會朝著一個方向不懈地努力追求，不怕任何艱難困苦，不惜任何代價。

窮人做無規則遊戲
富人做有規則遊戲

王永慶沒有因為自己的失敗而放棄對木材的經營。他一邊整理出自己失敗的原因，一邊等待市場的好轉。

二戰結束的台灣，一切建設方興未艾，時局使木材市場開始復甦，王永慶終於在木材市場打開了局面。

王永慶從事木材生意中，他把經營米店時的經驗運用其中，顧客永遠是自己的上帝。所以他充分地去瞭解客戶的實際情況，處處為客戶著想，並和他們建立了良好的關係。

他根據戰後資金短缺，建設項目又多的特點，對客戶的收帳條件放得極寬，而且從不要求客戶擔保，而他自己也從來沒有因此而被倒過帳，更沒有和客戶發生過爭執。其中的原因就是王永慶不僅對客戶有充分的瞭解，而且還和他們建立了良好的友情，進而使業務蒸蒸日上。

正因為王永慶講信譽，在台灣商界留下了「王永慶信用第一」的好印象。有了好的信譽，自然不愁沒生意可做，他的生意越做越大，在他四十歲的時候，他的積蓄已經到了五千萬元了，成了名副其實的富人。

把木材生意做得相當成功的王永慶，並沒有因此而滿足。在台灣光復之後，他又決定恢復被迫關閉五年的碾米廠業務。

王永慶在嘉義車站附近建起一家規模在當時來說是最大的碾米廠。經營碾米廠，王永慶是輕車熟路，又有足夠的資金支持，所以在短短的十個月，工廠就竣工了，並且開始對外營業。

碾米廠開工之後，生意興隆，一切都十分得心應手。

天有不測風雲，人有旦夕禍福。一九四七年三月十一日，王永慶請人從嘉義中埔鄉運來一卡車的稻穀，車剛到廠門口，就被兩個警察攔截，並要求王永慶到警察局接受審訊。

王永慶到了警察局之後，警察局就以越區運糧，違反糧食管理條例的罪名，將他拘禁起來，而且一拘就是二十九天。

後經核實，證明王永慶並沒有跨區運糧，二十九天後被無罪釋放。雖然這是一場誤會，但是給王永慶帶來很大的負面影響。

王永慶當然對此感到憤怒，他回家以後，便立刻查閱糧食管理條例，發現其處罰極為嚴厲，有關死刑與無期徒刑比比皆是。

碾米廠剛剛建起來，而且生意興隆。如果就這樣放棄了，不但前期投入血本無歸，而且還要眼睜睜地看著到手的利潤付之東流，實在讓人難以割捨。

王永慶思前想後，最後還是選擇放棄了，儘管他並不是十分情願。

這也是窮人和富人經商理念的不同，儘管他們經商的目的都是為了賺錢。

任何遊戲都有規則，經商也一樣，不管這個規則你喜不喜歡。經商的人都喜歡暴利，用一分的投入能換取十分或者百分的利潤最好，這一點，不分窮人和富人。

窮人經商，喜歡玩無規則遊戲，視國家和人民的利益於不顧，買空賣空，走私偷稅，幹盡坑國害民之勾當。

窮人為了迅速成為有錢人，在他們眼裡，有錢人就是富人。但他們永遠也不會明白，富人一定是有錢人，但有錢人不一定就是富人。

窮人為了錢，可以忽略一切規則，但沒有規則的遊戲往往是孤家寡人的遊戲，玩不了多久。任何無規則的遊戲，只能玩一時，玩不了一世，只能玩火自焚，燒了自己，殃及親人。最後家破人亡，人財兩空。

窮人這麼做，是因為他認為錢的力量是無限大的，可以買到一切，可以控制一切。錢可以代表一定的利益，但它代表不了全部的利益。你能得到，就有可能失去。來得容易，失去可能更快。

窮人用犯罪的手法獲得了金錢，金錢又促使他們犯更大的罪。這樣的人，永遠是被金錢驅使的魔鬼，他駕馭不了金錢。不能駕馭金錢的人，不可能是真正的富人。

富人懂得無規矩不成方圓，也知道有些利益是神聖不可侵犯的。富人愛財，但他取之有道。他知道什麼路是通向天堂的，什麼路是下地獄的。

富人賺錢，是一種生活，是一種享受，或者是一種挑戰和證明，但決不是一個目的。他不喜歡你死我活，而是往往選擇雙贏。他知道錢的用途很大，但他更知道錢主宰不了一切，也代表不了一切。世界上有許多比錢更重要的東西值得他去珍惜。

富人用他的聰明和才智去賺錢，每一筆生意都是他的一幅作品，他不但會創作，更會欣賞。

一個真正的富人，在他賺錢的同時，也在推動著社會的發展，會使整個世界因他而精彩而繁榮。

富人永遠是世界之子，他的財富不僅屬於他個人，也屬於這個世界。他知道，他的財富，是世界對他的恩賜和獎賞，來自社會，最終還是要回到社會的。

所以富人所行之路，永遠不會與社會相抵觸的。真正的富人，不會因百分之三百的利潤而走向絞刑架的。窮人窮，總能說出一大堆讓人信服的理由。然而，不論何時何地，只要我們是窮人，是社會的包袱，說什麼都是欺騙自己和別人的藉口。

王永慶是這樣來看自己的先天環境的：「貧寒的家境，以及在惡劣條件下的創業經驗，使我年輕時就深刻體會到，先天環境的好壞不足喜亦不足憂，成功的關鍵完全在於一己的努力。這個信念在以後漫長人生歲月中，深深影響並支配我的處事態度。在創辦台塑企業的過程中，曾經遇到過種種的困難，我都以這個信念勉勵自己以及台塑企業的同仁。因此，我們能夠一次又一次克服難關，持續踏出穩健的腳步，追求成就和不斷地自我超越。」

窮人工作或者做生意，目的只有一個，那就是去滿足一個人或者一家人的衣食住行，或者滿足他的一己私欲。所以，窮人有了錢，往往就和吃、喝、嫖、賭、抽聯繫在一起。

窮人有了錢，不是小富即安，就是燈紅酒綠，紙醉金迷。最後，他們的人生只是一個圈，從起點又回到起點。

窮人在逆境中看到的是死亡
富人在逆境中看到的是希望

「追求卓越，永不滿足」是所有富人的人生信條，王永慶也一樣。他在米店、碾米廠、磚廠相繼倒閉的困難面前沒有一蹶不振，在木材生意興隆，自己的積蓄已達五千萬時也沒有滿足，他把目光開始投向了更具發展潛力的領域。

一九四五年台灣將五大企業開放民營，王永慶認為他拓展新的領域的天時已經具備了，他無論如何也不會放過這麼好的機遇。

真正的富人是敢想的，哪怕是對自己看好的領域一無所知。

窮人不敢想，用一道道自製的枷鎖把自己捆得死死的。他只想走別人走過的路，生活在自己熟悉的環境中。

王永慶決心要投資塑膠工業，然而他卻是對塑膠工業一無所知，連塑膠是用什麼原料做成的，它的化學成分是什麼都不知道，因此，他的意向受到當時負責工業組的主任嚴演存的冷眼相待。

對一個行業陌生不會成為富人實現自己追求目標的障礙，別人的打擊成不了富人放棄追求的理由。王永慶花了一年的時間，去熟悉和掌握有關塑膠的知識，一年以後，他對塑膠的性質、製作過程、生產、加工、用途等都瞭若指掌了。

在當時的台灣，塑膠工業並不是任何人都熟悉的行業，根本看不到任何賺錢的希望，包括此行業的巨頭都望而卻步。

台灣當局把塑膠原料工業交給了有化工業豐富經驗的永豐工業老闆何義負責，開始時，精明能幹的何義答應投資開工廠，並進行了事前的可行性分析。

何義先後前往日本、美國、歐洲進行實地考察，發現塑膠原料廠的規模都在日產五十噸以上，而目前台灣廠家只能日產四噸，與人家相比，無論從規模還是成本上，根本沒有優勢可言。在本土上，也無法與日本同行企業相抗衡，如果增加產量，銷路是個無法解決的問題。這些都是誰也不能否認的事實。

因此，何義斷言，投資塑膠業將陷入無法自拔的泥潭，非但前途渺茫，而且有血本無歸傾家蕩產的危險。

富人和窮人看問題是不同的。如果富人和窮人都是個棋手的話，那麼窮人可能看到的是自己一兵一卒的得失，而富人則著眼大局，關注一盤棋的勝敗。

窮人看問題，和普通人都是一樣的，他只能看到大家都能看到的東西，想到大家都能想到的東西，所以得出的結論也沒什麼不同了。

富人看問題，總有他獨到之處，能想到常人不能想的，看到別人看不到的地方，不會被目前的得失局限，所以他總能做到與眾不同。

在雄霸台灣化學工業的巨頭何義放棄塑膠生產經營的情況下，王永慶仍然憑藉自己過人的膽識，以及敏銳的直覺，接下了塑膠工業。

事情的結果不出何義所料，塑膠粉粒雖然生產出來了，但月產只有一百噸，是世界上生產規模最小的。在台灣本土只能銷售二十噸，而日本的同類產品卻是物美價廉，佔據了整個台灣市場。

由於產與銷都出現問題，王永慶的台塑公司資金周轉不靈，產品大量積壓，公司面臨倒閉的危險。

一些股東見前景不妙，擔心的問題成了令人恐懼的現實，紛紛提出了退股。更有一些無聊的人，趁機打擊、嘲笑王永慶。

台塑面臨夭折的危險，王永慶的事業陷入前所未有的逆境。

窮人和富人的距離，不僅表現在順境的時候，關鍵是表現在逆境的時候。

窮人在逆境中，看到的是自己身邊所有的「不」，總是不住地問天問地問自己，為什麼，為什麼。

什麼事情都一樣，它的出現有的是必然的，有的是偶然的，總之，就是上帝也無法阻止事情的發生。糟糕的事情發生了，你問一萬個為什麼也於事無補，哪怕你永遠地問下去。

窮人在逆境中，多數會選擇放棄，退回他以前的生活環境中，或者回到他原來的老路上去。不為別的，只因為那裡安全，沒有風雨。因此，他的一生也不會有太大的改變。

富人在逆境中，多數會選擇逆流而上，他們會在挫折和逆境中積極地尋找機遇。他們知道，上帝能給他們一個「不」，同樣會給他們一個「是」。而且那個夢寐以求的「是」，就在那個「不」的不遠處，只要他們去等待，去發現，去改變，就會找到那個驚喜。

富人在逆境中的心態是積極的，樂觀的，把自己所有的精力都集中在如何克服困難上，而不做他想。他也知道，這個時候，想得越多，自己的麻煩就越多。

富人在關鍵的時候，總是比窮人多堅持三秒，多走半步。也就是這三秒，也就是這半步，形成了窮人和富人現實生活中的巨大反差。

王永慶在自己四面楚歌時，決意破釜沉舟，背水一戰，他以常人無法想像的膽識，在股東們紛紛退股的情況下，毅然決然地變賣自己大部分的產業，以低價買斷了台塑公司的所有產權，獨自經營。

王永慶這麼做，當然不是一時心血來潮，意氣用事。他是在冷靜分析過後才做出這樣驚人選擇的。

王永慶認真分析了台塑不景氣的原因，發現除了日本產品的競爭之外，最主要的還是台灣地區的需求量有限，需求與供給之間，一個月要有八十噸的差額，台塑的產品在台灣明顯是供大於求。要想改變現狀，只有打開台灣以外的市場一條路可走。

但是要想把台塑的產品外銷，靠月產一百噸的產量是極不現實的，沒有任何競爭力，唯一的辦法就是擴大再生產。王永慶決定馬上擴大生產規模。在旁人看來，月產一百噸都賣不出去，還想擴大生產規模，不是瘋了就是傻了！

王永慶擴大生產規模的決定不是盲目的。因為當時台灣是世界上主要的燒鹼生產基地之一，生產燒鹼過程中被棄之不用的七〇%的氯氣，為塑膠工業的發展提供了充足的原料。

他自己也明白，明知道產品過剩時，仍然堅持擴大生產產量，這是明知山有虎，偏向虎山行，是要冒很大風險的。

真正的富人是不計較一時的得失的。遠見卓識的王永慶想到了風險，但他更看準了大幅度的產量可以降低成本和銷售價，這樣就能吸引更多的島內外客戶。他認為即使暫時的賠本也沒什麼大不了的，能闖出一條屬於自己的路來也是值得的。

王永慶經過幾次擴大生產規模，又實行塑膠產品的深加工，終於使台塑企業起死回生，台塑的航空母艦一點一點地成形了。

王永慶在台塑徹底站穩腳跟之後，沒有滿足，而是把目光轉向了木材業，投資創辦了「台灣化學纖維股份有限公司」，進而結束了台灣紙漿進口的歷史。後來又與日商合作，成立生產聚丙烯纖維紗的台旭纖維工業股份有限公司。

至此，王永慶的產業可以說是遍布台灣各地，跨化學、木材、紡織等很多個部門，被譽為「主宰台灣第一大企業家」。

一九八〇年，他又進軍美國，在美國擁有了三個石化原料廠以及一一個下游工廠，被美國石化界稱為「不可輕視的勁敵」，成了真正的富人了。

真正的富人是不為物喜、不為己悲的，更不會窮奢極欲，活的就是一個境界。

窮人有錢社會受害
富人有錢社會受益

在王永慶的台塑集團年營業額超過十億美元的時候，他依然保持著刻苦節儉耐勞的品格。他的一條舊毛巾，用了二十七年，還不捨得換，太太想給他換一條，他卻說：**「既然能湊合著用，又何必要換新的呢？就是一分錢的東西也要撿起來加以利用，這不是小氣，而是一種精神，是一種警覺，是一種良好的習慣。」**

在吃的方面，他很少在外面大宴賓客，而是在自家的招待所採用中餐西吃的方式，讓大家圍圓桌而坐，將個人的盤子端出，有侍者分菜，每人一份，吃完再加，既衛生又不浪費。在台塑內部，也採用類似自助的方式吃飯，分量不限，舀到盤子裡的飯菜絕不能剩下或者倒掉，否則重罰。

在穿的方面，王永慶也是能穿則穿，能將就則將就。

在行的方面，他更是能節儉就節儉。有時出差，只坐經濟艙，而不坐頭等艙。到目的地以後，也不願住五星級賓館，大多住在當地台塑集團的招待所，就連外出的小轎車，也反對用豪華轎車。

真正的富人，不是以他出門穿什麼牌子的衣服，坐什麼牌子的轎車來定位的，也不是以他的銀行存款數字的多少來定位的。而是看他怎樣去創造財富，怎樣運用這些財富。

富人的富有，是因為他們給社會創造了財富，他們在這些財富中汲取了屬於自己的財富。在他們富有的過程中，很多人是受益的，得到了他們周到的服務或者產品帶來的便利，方便和豐富了大眾的生活。

富人的富有，是天下人的幸運，王永慶就是這樣的人。他知道他的財富來自社會，是社會給予了他財富，對社會以無限的感恩，進而無私地回報社會。

富人的富有，只能讓社會更加和諧、更加穩定，帶動一些人也變得富有，進而推動社會健康有序地向前發展。

窮人的富有，是透過不擇手段的攫取自然資源和盜取國家及社會的財富，透過各種管道以各種名義把這些財富變成自己的財富，來滿足一己私欲。

這種人在累積自己財富的過程，就是一種屠殺和掠奪的過程，用國家和人民的血液滋養他們已經過於臃腫的身體，留下的只是臭不可聞的垃圾而已。

窮人的富有，則是天下人的災難。他們貪贓枉法，殺人越貨，偷稅漏稅，倒買倒賣，走私販毒。這些人不能創造財富，但很有錢，又依靠錢的力量，對社會肆意地塗抹，弄得社會骯髒不堪。

窮人的富有，只能使社會風氣江河日下，使人們變得越來越浮躁，瘋狂又不擇手段地佔有財富，又大肆揮霍財富。在精神上使人們冷漠麻木，腐朽墮落，貪圖享樂；在實質上，迅速地擴大貧富的兩極分化，增加各種社會矛盾，使社會的發展陷入停滯或者倒退的狀態。

王永慶是一個真正的富人，不僅表現在創造財富和利用財富上，而且還表現在對子女的教育上。

窮人和富人，在子女教育的方式和方法上也是有著明顯距離的。

窮人和富人都愛自己的孩子，都想為孩子做點什麼，但做什麼，怎麼做，是明顯不同的。

窮人把孩子看作是自己第二次生命的開始，萬事可以重來的起點。他們寧可自己受苦受累，也要保障孩子優質的物質生活，讓孩子儘量受到良好的教育，有一份體面又高薪的輕鬆工作，能娶一個溫柔漂亮賢慧的妻子，擁有豪華舒適的住房，活得比任何人都好。

窮人的孩子一出生，父母就心甘情願地為孩子做這樣的全方位的整套的服務。

窮人為了孩子，沒有什麼不可以付出的。他們把孩子武裝到牙齒，對孩子進行各種裝備，再由父母保駕護航去戰鬥，去打贏一場戰鬥——考大學。

在窮人看來，一個人可以沒有能力，但絕對不能沒有文憑，因為找工作就要看文憑。沒有文憑，就沒有機會。沒有機會，就算是有再大的本事，也是沒有用的。

窮人認為，文憑就是一種證明。證明你是同一年齡段中的佼佼者，證明你受到高等教育。手裡握著一紙文憑，就可以擁有許多選擇的機會，就更容易獲得沒有文憑人想獲得的工作。

窮人特別強調機會，也看重機會，那是因為他們習慣別人給他機會，而不是自己創造機會。

窮人教育子女的思維，也是窮人的思維，他們只想讓自己的孩子成為一個高級的上班族，讓別人來賞飯吃。

在金錢主宰一切的社會中，沒錢是寸步難行的。窮人認為自己是因為錢而被別人看作窮人的，所以他們就拼命地去賺錢，省吃儉用地存錢。

一旦有了錢，窮人一是窮奢極欲揮金如土地揮霍錢，花錢擺樣子讓別人來看，自己是有錢人，而不是窮人。二是為子女鋪就一條錦繡前程，他們認為子女怎樣都行，就是不能沒錢。

王永慶不是這樣認為的。他認為，教育子女，一定先要孩子學會吃苦耐勞，讓孩子接受磨練，接受打擊，幫助他獨立，以培養成堅強的獨立精神和奮鬥力量。他認為這才是父母愛護子女的真諦所在。

王永慶教子十分嚴格，從小就培養他們養成刻苦耐勞的習慣，訓練他們崇尚儉樸的生活，並培養他們獨立自主的人格。

王永慶的兒子王文洋十三歲就被送到英國讀書。在學校裡，同學之間講究服從與尊重，低年級的學生有時候要給高年級的同學洗襯衫、擦皮鞋，這是學校訓練耐性和扶植合群的優良訓練方式。

王文洋是學校裡唯一的華人學生，經常受欺侮。王永慶當然知道這件事，但他還是鼓勵兒子堅持下去。由於受父親的教導與影響，為了改變現狀，他只有學中國功夫展開還擊。這樣一來，他不但不再受欺侮，而且還獲得了同學的尊重與擁護。

王文洋漸漸明白父親對自己的良苦用心，明白在溫室中成長的花朵是經不起風雨的。王永慶為兒子也僅僅提供了必要的生活開銷，並沒有因為家中的富有而負責到底，而是讓兒子儘早地獨立自立，學會珍惜時光珍惜生活。王永慶百忙之中經常給兒子寫信，不斷地鼓舞他並教導他做人做事的道理。

在王文洋取得企管碩士與化工博士兩項學位之後，王永慶也沒有讓兒子進自己的公司。因為王永慶知道，知識不等於學識，學識不等於本事，兒子必須經過社會的錘煉才能獨當一面。

王文洋畢業之後找了一份工作，自力更生，連買車的錢都是自己賺的。

王永慶雖然教子嚴厲，但是兒女對他卻是誠心佩服，因為王永慶本身的言行就是兒女最好的楷模。

一個人的財富可以被剝奪，一個人的肉體可以被摧殘，唯一不可戰勝的就是一個人的意志品格。作為一個真正的富人，王永慶送給兒子的不是一大筆一輩子也花不完的財產，而是給兒子裝備一種意志，一種精神。他知道，一個人只有有了堅如磐石的意志、赴湯蹈火的氣魄、滴水穿石的精神，榮辱不驚的心態，才能成為一位真正的富人。

一位真正的富人，只有具備了王者之風與霸者之氣，才能適應一個時代，才能主宰一個時代。

第七章：超前規劃

（從窮人到富人的通行證）

沒有一個窮人不想成為富人。擁有財富的人，永遠是窮人的榜樣，富人的口袋裡裝著窮人夢寐以求的東西。但是，很多窮人只能看到富人口袋裡的東西，而看不到富人腦袋裡的東西。其實，富人和窮人都一樣，都是什麼樣的腦袋決定自己有什麼樣的口袋，或者說你腦袋裝多少東西，那麼你的口袋就能裝多少東西。

窮人和富人最大的距離就是，富人允許自己的口袋空，但他不允許自己的腦袋空；而窮人允許自己的腦袋空，而不允許自己的口袋空。

腦袋和口袋是有區別的，腦袋是密封的容體，放進去的東西不但自己跑不掉，別人有再高明的手段也無法拿走。口袋是有口子的，好的口袋可能只有一個窟窿，壞的口袋可能就不止一個窟窿了，任何一個人，任何一隻手都可能把手放進口袋，取走裡面的東西。

富人可能有個富口袋，也可能有個窮口袋，但他肯定有個富腦袋。他會對世界上所有的人說，富口袋是你們的，也是我的，但終究是我的，因為我有一個富腦袋。

窮人可能有個富口袋，也可能有個窮口袋，但無論怎麼樣，最終他們都一樣，都只剩下窮口袋，那是因為他們有個窮腦袋，沒有富腦袋。

每個人的腦袋形狀、體積都差不多，就算是有區別，也是大同小異的。最聰明的占百分之一，最不聰明的也占百分之一，剩下的百分之九十八都是一樣的。

整個社會的主體不是最聰明的百分之一，更不會是最不聰明的百分之一，而是占大多數的百分之九十八。許多富甲天下的人，也都是來自這個百分之九十八，許多窮苦潦倒的人也在百分之九十八之中。

也就是說，不論你是窮人或者富人，在剛開始的時候腦袋都是一樣的，差別就在於後來他們往自己的腦袋裡裝的東西不一樣，裝的多少也不一樣。

這個世界上有那麼一個人，開始時不僅有一個窮腦袋，更有一個窮口袋，可以說是一個徹徹底底的窮人。但是，他從九歲的時候就往自己的腦袋裡裝自己認為有用的東西，他也把這些有用的東西變成了一個又一個奇蹟，書寫了一個從窮人到富人的神話。後來他口袋裡的財富如果全都拿出來，恐怕堆起來比他國家最高的山峰還要高。

這個人，就是被世界商界譽為經營之神的松下幸之助！

窮人害怕麻煩
富人轉換麻煩

松下幸之助於一八九四年十一月二十七日出生在日本和歌山縣和佐村。在他之前，家中已有了兩男五女七個孩子，作為第八個孩子，他的誕生並沒有給家人帶來多大欣喜和快慰。松下幸之助的父親松下正楠早期還是一個有頭有臉的人物，雖說是以務農為主要生存方式，但他還在村公務所任職，也算得上是一個「公家人」。

松下幸之助的幼年時期，家境富足，豐衣足食，過的是自由自在、無憂無慮的日子。但是到一八九九年的時候，由於父親做稻米生意失敗，家庭生活陷入了窘迫的境地，全家不得不將祖輩相傳的土地拱手讓人而離鄉背井，去謀生路。

在父親松下正楠的帶領下，全家來到了和歌山市。安定下來以後，松下正楠開了家木屐店，本小利微，連養家糊口的責任都負擔不起，所以沒過多久就關門了，全家再一次陷入到困境之中。在這期間，松下的哥哥姐姐由於各種原因，都相繼去世了，最後存活下來的只有松下幸之助和他的一個姐姐。

一九〇一年，在和歌山市，松下進入一所小學讀書。他的成績不是名列前茅，而是處在中上水準，他對諸如算術和一些比較能發揮人創造性思維的課程很感興趣。一九〇四年，松下幸之助九歲，正上小學四年級。一天，他突然接到來自大阪的一封信，那是父親寫的，說是有一家店鋪要招收店員，讓他去做工。九歲的孩子就要去工作，這的確是早了點，但沒有辦法，家庭的貧困是一時間無法改變的。松下幸之助雖然有些不願意離開學校，但他太瞭解自己家庭的情況了，於是決定輟學去工作，以賺錢補貼家用。

九歲的松下隻身前往大阪，在宮田火盆店裡做店員。一年以後，由於經營不善，火盆店關門，在店主的介紹下，松下去了人人羨慕的「五代自行車店」工作，由最初的早晚打掃收拾櫃檯開始，逐漸升級開始擔任修理和銷售自行車的工作。慢慢地，松下對自行車這一行業的知識、技術、經驗掌握和瞭解得非常透徹，很受老闆的賞識和器重。

五代自行車店的老闆頗有些經營頭腦，生意很是興隆，且人品也極好，老闆娘溫柔賢慧，更易相處。松下在他們的耳濡目染下，人品性情也變得很不錯。他經常勉勵自己：「要做端端正正的商人，一個人應該勤勉禮讓，應該守分寸，應該屈己厚人……」

在車店裡工作對於還是一個孩子的松下來說是相當辛苦的，冬天五點半，夏天五點，不管颳風下雨，必須起床，將店內裡裡外外打掃一遍，然後一整天就全部做修理銷售之類的工作，一直到晚上七點鐘才能休息。面對這繁重的工作，松下再苦再累，都從來沒有抱怨過，他把這當成是對自己一種極其嚴格的磨練和教育。

在白天工作的時候，有客人來修理自行車，有的人會因為沒事可做覺得無聊或是其他的什麼原因想要抽菸，於是便吩咐小夥計去買。這時候，松下幸之助就得放下手裡的活，幫客人去買菸，這樣的事多則一天會發生好幾次。

後來，松下覺得這樣太麻煩了，既浪費時間又浪費精力，於是他便想了一個辦法。他用自己的薪水提前買回來二十包香菸準備著，如果有哪位客人要，他便拿出來給客人送過去，這樣不僅方便了客人，自己還可以從中有點收益。因為當時日本的「朝日」牌香菸是二十包一盒，如果買一盒香菸就另外多送一包，這樣松下每買一盒就能賺一包的錢。松下小小年紀，就懂得了怎樣賺錢，老闆和老闆娘看在眼裡，對他更加讚賞了。

在五代自行車店裡和松下一起工作的還有另外一個男孩子，他也非常聰明和能幹。老闆和老闆娘對他和松下不分彼此，都很喜愛。可是有一天，這個男孩子偷了老闆的錢，後被老闆發現了。老闆心地善良，念他從前工作認真，能力也蠻強，而且認錯態度好，便打算再給他一次機會，讓他繼續留在店裡工作。可是這時候，松下不幹了，他認為老闆這樣做是不對的，他認為和一個小偷在一起工作，對自己而言是一種侮辱，他無法容忍。他向老闆鄭重聲明，如果讓這個男孩子還留在店裡工作的話，那麼自己就主動辭職。後來老闆經過再三考慮，接受了松下的意見，將那個男孩子辭退了，松下才留下在店裡繼續工作。

這只是兩件微不足道的小事，但從這其中，就可以看出松下幸之助身上的才氣和正義感，這些都是他日後成功創業的無價資本。他所擁有的智慧，誠實的性格，在日後他創建松下企業集團的過程中，以種種方式淋漓盡致地表現出來，貫穿始末。

由於老闆經營有方，又加上員工的努力，五代自行車行的生意，一天比一天興旺，逐漸地擴大了規模，增加了自行車零部件的批發和零售。這樣，松下幸之助的工作量就增加了，他除了每天白天做修理之類的工作以外，晚上還要在店裡看守著那些零件。

但松下並沒有把這段看店的時間浪費掉，而是讀一些章回小說，以此來充實自己。他這樣說：「德川時代武士的修養，商人的氣質，百姓應有的態度，都生動地出現在章回小說中。固然經過潤飾，但大致上還能忠實傳達。比方說地方上出現了豪傑做了什麼事，出現了偉大的英雄後做了什麼事，那個英雄是如何用人，又如何論功行賞，這些事情都寫在小說中，只要照著去做，大致就不會錯了，這樣可以學到不少為人處世的學問。」由此可見一斑。

從這幾件小事上我們就可以看出，松下往自己腦袋裡裝的東西都是決定他要成為一個真正富人的東西，那些東西，都是一個經營之神必須具備的東西。

在讀書時，他往自己腦袋裡裝了一些有用的東西，比如算術和一些比較能發揮人創造性思維的課程，而不是讀死書，死讀書。雖然這只是一小點，但可以看出他很關心創造，這也就註定了松下電氣永遠不停地開發出新的產品，永遠執電氣業之牛耳。

很多窮人在讀書時，關注的是分數，是自己的成績在班級、年級中排第幾，而不是自己真正地學到了什麼東西，明白了什麼道理，將來自己能把自己學的東西用在什麼地方。這也是很多人學得比孔子還多，結果腦袋比豬還笨的原因所在吧！

松下九歲的時候放棄了學業，到一個陌生的地方去工作。他沒有因為自己還是一個孩子而去玩耍、放縱，而是兢兢業業地工作，掌握在這個行業工作所需的技能，而且還學習老闆的做人。時時嚴格要求自己，不為自己找任何一個不追求上進的藉口。富人就是不因為自己身處弱勢而不去奮鬥，不因為自己力不能及而找藉口希望別人可憐同情，而是在弱勢中盡自己的力量，鋪自己從地獄到天堂的階梯。他不問從地獄到天堂要鋪多少台階，他只知道自己鋪一級，就離天堂近一步。

松下沒有因為老闆原諒了偷錢的同事，自己就遷就他，因為他允許一個人口袋貧窮，但他不允許一個人心理骯髒。富人知道好的難學，但壞的東西不學也會，因為壞的東西永遠比好的東西更有誘惑力，所以就不與有惡習的人為伍，以與這樣的人在一起為恥。

真正的富人沒有一個是不勞而獲的，靠投機永遠成不了真正的富人。他眼裡容不下這樣的事，心裡更容不下這樣的人。

窮人如果遇到這樣的事，可能不以為然，或者認為透過這樣簡單的手段獲得財富是一種本事，進而也去效仿，或者與偷盜者攻守同盟。

窮人永遠不知道什麼是有價的，什麼是無價的，他們往往用自己無價的東西隨便地換取有價的東西，把人格、人品當作可有可無的東西，殊不知，不完整人格和敗壞的人品，就是送他們下地獄的招魂牌和引鬼幡。

在買菸這件小事上，同樣也可以找到一個富人和一個窮人的距離。這是一件小事，是一個工作以外的麻煩，但同樣也是一個賺錢的好機會，就看你怎麼對待。

同樣是一個問題，用窮人的眼光來看，就是麻煩，就是別人強加在自己身上的包袱，是不合理的要求。他或者用粗暴的語言拒絕，或者也提出對等的條件。

如果窮人遇到買菸這件分外的事，有以下幾種可能：一、拒絕。因為既麻煩又耽誤時間又沒有報酬，生意是老闆的，他來與不來影響不到自己的薪水，與自己一點關係都沒有；二、要小費。因為買菸是自己分外的事，我給你跑腿，不能白跑，哪怕是意思一下，也是那麼回事，要不你自己去，我還省事了呢！

在富人眼裡是沒有什麼麻煩可言的，因為他把任何事情都看作自己經營人生的機會。富人做一件事，不僅看有形的收穫，還看無形的收穫，他還要合理利用一切條件，把不利變成有利。

買菸這件事，對松下來說同樣也是麻煩的，但是他動了腦筋，既滿足了客人的要求，也沒無辜地浪費自己的時間，還小賺了一把，結果就是雙贏。

什麼事情都是相互轉變的。富人就是能把壞的事情向有利於自己的方向轉變，而窮人則把壞的事情弄得更加糟糕，甚至糟糕到不可收拾。

窮人把身家賭在一根稻草上
富人把命運攥在自己的手裡

松下在五代自行車店工作了整整七年，他雖然年紀不大，但在經營上卻有許多獨到的見解，向老闆提出來以後，付諸實踐，都取得了不錯的效果。老闆對他更加賞識，而他也儼然成了老闆的左右手。但在第七個年頭，也就是一九一〇年的六月，松下卻突然向老闆提出了辭職，因為他想拓展自己的視野，到一個和自行車沒有直接的關係的行業中，希望發現一個新的、更有意義的生存環境。儘管老闆苦苦挽留，希望松下能夠不走，但松下的決定卻下得毅然決然。

當時，大阪全市已經動工鋪設有軌電車了，由梅四起經四橋到築港的有軌電車最先通車，而其他的路線正在建設之中。松下看到這一切，馬上意識到隨著電車線路鋪設完畢，有軌電車開通，自行車的需求量將會大大降低，自行車產業的前景不容樂觀，而與電車相關的電氣事業則可能會呈蓬勃發展之勢。

松下幸之助對什麼事情都喜歡推測、預想和分析，這使得他看起來比別人更有先見之明，進而才更能顯示出他的決斷力來。他正是看清了社會的發展形勢，所以才做出了從五代自行車行辭職的決定，而這一決定被事實證明是正確的。

在當時，大阪的電氣事業情況大致是這樣的：一八八七年，由鴻池、住友一些富豪聯名發起組織大阪電燈公司，翌年開始營業，以後順利發展。在該公司的經營過程中，它和大阪市政府有著業務關係，一年比一年密切。一九〇六年，大阪電燈公司與大阪市政府締結「報償條約」，規定由電燈公司壟斷經營大阪電氣，所獲報酬分給市政府一部分。因為獨家的有利條件，電燈需要直線上升，為了應付這一局勢，該電燈公司積極建設水力發電站，最初建立的便是「安治川西發電廠」。

從五代自行車店辭職以後，松下幸之助到大阪電燈公司求職，成了一名內線實習工。在這之前，他對有關電學方面的知識，可以說是一竅不通，但由於喜歡，有了鑽研的興趣，進步就顯得非常大。所以很快就掌握了電燈的安裝和處理技術，做起工作來得心應手很多，又成了熟練的獨立技工。由於工作出色，在一九一一年，松下被提升為技工負責人。一九一五年，與井植梅野結成夫妻。一九一六年又晉升為令所有人都為之羨慕的檢驗員，而當時松下幸之助年僅二十二歲。

在工作的時候，松下憑藉著自己的聰明才智對公司的原有產品進行了改良，試製成功了一種新式電燈插頭。這雖然算不上什麼重大的發明創造，但作為次一等的專利——實用新案，向專利局申請，還是通過批准了，編號為四二二二九。

松下拿著自己研製的成果去找老闆，但卻沒有得到重視。為此，松下的自尊受到了一次較為嚴重的傷害。但他並沒有心灰意冷，就此甘休。他在為自己的發明沒有得到認可的同時，更顯得不服氣，為了能夠獲得發展，以後取得更大的成就，他下決心要自己獨立門戶，開展事業。

大多數富人不可能生下來就腰纏萬貫，大多數窮人也是生下來就一無所有，為了生活，他們都不可避免地要去工作。然而他們的命運也就在工作時開始走向不同。

窮人有了一個工作，只要老闆不是太苛刻，收入還可以，即使幹一年和一百年自己都沒有什麼不同，甘願過著一成不變、餓不死也撐不著的日子。

只要是公司不趕自己走，只要公司還能給自己薪水，苦點累點窮人都能忍受，不會去考慮公司的未來，也不考慮自己的未來，總認為天塌下來有高個兒頂著。

窮人只要手裡握著一根救命的稻草，就不會也不想學游泳，更不會學著造船。他也許認識到有一天大風浪要來，把這個想法告訴自己的領導和上司，如果遭到領導和上司的否定，也就聽之認之，心平氣和地坐在已經漏水的破船上，或者死死地抓住已經糟爛的稻草，做一頭快樂的豬。

富人在沒有資本的時候也會寄人籬下，但他在自己有選擇的條件下，就會選擇更富有生命力的籬下，並且在籬下認認真真地做事，堂堂正正地做人，積極努力地掌握更多的知識和見識。即使富人在他所在的籬下待得很舒服，很愜意，甚至過著比平常人還好的生活，但只要這個籬下走了下坡路，那麼富人也會毫不猶豫地選擇離開，因為他不想把自己的命運抵押在沒有希望的褲腰帶上。早放棄遠遠比走投無路時不得不放棄要主動得多。

富人知道，走一條有希望的充滿荊棘的路，要比走一條平坦的沒有任何發展可言的死路好得多。人可以苟活一時，但不能苟活一世啊！自己幫別人把籬笆修得再結實再漂亮，那也只能給別人遮風擋雨。

要想讓自己能按照自己的想法活著，或者按照自己的意圖做事，那麼就得擁有自己的籬笆牆。別人賞賜給自己的稻草永遠也救不了自己的命。要想好好地活著，就得自己學會游泳，各種泳技都要精通。

光會游泳在大風大浪裡也很難保證自己不受傷害，那麼就得造屬於自己的船，自己的航空母艦。

窮人拄別人賞賜的拐杖
富人發現自己的門與路

一九一六年六月，松下幸之助從大阪電燈公司辭職，以三十三・二日元的辭職薪水，六十二日元的銀行存款及一百日元借來的貸款，在大阪一個叫豬飼野的地方租了一間不足十平方米的房間，開了一家小家庭工廠，這就是日後譽滿全球的松下電器公司的雛形。當時，整個工廠裡工作的只有五個人，松下幸之助，妻子井植梅野，妻弟井植歲男，另外還有兩個和松下一起辭職的大阪電燈公司的同事。他們的工作就是生產松下研製發明的那種新型電燈插口。

最初的設想是好的，可是現實生活總是有著太多的不盡如人意。他們把電燈插口生產出來以後，但銷路卻並不好，十天之內僅賣出了一百個，這樣的數字比例不僅不能獲利，反而把他們賠得一塌糊塗。沒有辦法，井植梅野只好把家中的值錢物品拿到當鋪，以便換得一點錢，勉強度日。

面對失敗，松下幸之助認真地分析了其中的原因，最後發現，問題出在這種新式電燈插口，只是在安裝過程中減少一些勞動的時間，而與電燈用戶並沒有什麼直接的關係。

創業失敗，松下幸之助不願再拖累兩個同事，怕耽誤了他們，所以讓他們去自謀生路，但自己和妻子及妻弟則仍舊在這一領域進行嘗試，儘管他們也不知道嘗試的結果會怎麼樣。但他們知道不能被眼前的困難嚇倒，他們必須要做一下嘗試，要不然怎麼能知道到底是行還是不行呢！同時，他們也堅信，只要付出努力，就一定會有所收穫的。

一九一七年底，松下終於等到了一個機會。川北電氣電風扇廠讓松下替他們試製生產一千個電風扇絕緣底盤。這對松下來說真的是太難得了，他必須要把握住。可是這又不是一件容易的事情，因為當時生產這種絕緣底盤的技術是保密的，而松下在這一方面又存在著一定的缺陷。他獨自一個人進行嘗試，企圖從中摸出一些門道來，但效果並不是很顯著，也沒有多大的進展。最後，在迫不得已的情況下，他只好跑到生產有關絕緣底盤的工廠附近去尋找廢棄物，希望能夠發現一些蛛絲馬跡。皇天不負有心人，松下真的摸出了一些門道，並透過對那些廢棄物的研究和探索，解決了有關技術方面的問題。

緊接著松下就與妻子及妻弟投入到了緊張的生產製作當中。他們日夜加班，在規定的時間內如期交貨，而且保證了品質，獲得了極好的評價。這一筆生意，使松下獲利八十日元，這筆收入讓松下感到很高興，但更讓他興奮的是，有了這筆生意的支持，工廠不會倒閉了，而且還可能發展。事實確是這樣，第二年，松下接到了同樣的生意，只是訂貨數量增加到了二千個，這又為工廠注入了一些生存下去的活力和能力。

一九一八年三月七日，松下幸之助把家庭手工工廠擴大，搬到了大阪市北區西野田，創立了「松下電氣器具製造所」，開始了他真正的創業生涯。

松下事業的規模在一點一點地擴大，自然而然就會引來其他一些同行的羡慕和嫉妒，於是他們就想著法子壓制、打擊和為難松下。但松下和他的企業並沒有在這種狀況下走下坡路，相反的，由於生產的產品具有比較明顯的優越性，銷路越來越好，走的卻是上坡路。不過，透過這件事情，也使松下明白了一個道理：要想長久地立足，不被對手打倒，必須要有自己無論是在品質還是在功能上都很強的產品，這樣，才能算得上是一個良好的企業，才能夠不斷地發展壯大。

松下認識到產品生產出來就是供大眾消費的，所以與百姓生活貼得越近的產品才越受歡迎。基於這一點，他把企業生產的重點放在生活的實用品方面。雖然松下預料到自行車將會逐漸地被淘汰，但那是將來的事情，就目前形式而言，自行車還是大眾使用最普遍的一種交通工具。

在當時日本有一項規定，在夜間騎自行車一定要點燈，否則被警察抓住是要罰款的。因為電池的造價比較高，且使用時間比較短，只能維持照明幾個小時，一般人消費不起，不能得到普遍的推廣。所以，人們在自行車上點的都是蠟燭或是煤油燈，這種燈，雖然消耗的成本不高，但照明度不夠，而且經不起風吹雨淋。

看到這種情況，松下的心裡又有了新的主意，他決定生產一種既不需要多大成本，還經久耐用的電池。松下是個雷厲風行的人，什麼事情說做就做。主意打定以後，他馬上開始著手進行實驗。一次次試驗的失敗，絲毫沒有打消他的積極性，實驗進行了一百多次，歷時半年之久，終於，可持續使用三十～五十個小時的炮彈形自行車電池研製成功了，其性能大大超過了蠟燭，但其成本卻與蠟燭相差無幾。

諸多的優越功能集於一身，松下為此感到非常興奮，他彷彿看見了更加輝煌的未來。可是就在這個時候，出現了意外，像一盆冷水從頭到腳把松下淋成了一個落湯雞。因為批發商對松下研製生產的電池不感興趣，使得大量積壓電池堆放在倉庫裡，無法進行資金周轉，企業再一次面臨著倒閉的危險。

怎麼辦呢？在困境面前，松下保持著鎮靜，仔細分析了其中的原因，他知道問題並不是出在電池上，而是由於批發商和消費者沒有真正地瞭解這種產品的優越性能。他現在要做的就是儘量把這一產品推廣出去，讓更多的人認識它，進而購買它。

為了達到這樣的目的，松下別出心裁，想到了一個出奇制勝的銷售策略：他臨時雇來一些人，向大阪市的每一家自行車行贈送三盞電池燈，並把其中一盞點燃，使之保持照明三十個小時，以顯示這種新產品的實用價值。

這一獨特的推銷戰術果然效果良好，獲得了巨大的反響，沒過多久，不僅是大阪，就是全國，自行車燈都擁有了廣闊市場，除了各自行車行以外，原本對這種電池燈不感興趣的批發商也紛紛上門求貨了。一九二四年，松下的企業幾乎每個月都能銷售一萬顆以上的自行車電池。然而，更有出乎意料的事情發生，山本武信是日本當時比較有影響力的化妝品批發商，他在看到松下生產的電池銷量以後，竟放棄了化妝品，轉而投向電池，改變了自己的銷售方向，並支付四八・六萬元向松下公司買下了三年的獨家銷售權。

自行車電池燈投放市場，消費者反應良好，獲得了極大的成功。緊接著，在一九二八年，松下又開始著手研製成功了便於攜帶的方形電池，並申請了國家商標，即「NATIONAL」商標，產品投入市場，又取得了良好的效益。

窮人和富人另一個區別就是：窮人是殘疾的人，而富人是健康的人。這裡所說的殘疾和健康不是有形的，而是無形的。

窮人的殘疾，是因為他癱——腿癱和腦袋癱。正因為癱，所以他不可能真正地站著，他習慣下跪。儘管他也知道下跪是一種恥辱，但只要是沒有石頭硌著他的膝蓋，那麼他就不認為自己在跪著，自然也就沒有了恥辱感，也就甘心跪著。

窮人的腦袋瘸，導致他不會自己去思考，只能在別人的吩咐下去做事。把他放在一間用黑紙糊的屋子裡，他就永遠不知道外面是白天還是黑夜。

在這間屋子裡，他想走出去，那麼他只會尋找門，門，在窮人心目中，永遠是走出房間的唯一出路。即使在紙糊的沒有門的屋子裡，他也會不停地尋找門。實在找不到門，就坐下哭，坐在地上抱怨，而不用手去捅一個窟窿，讓外面的陽光和空氣進來，或者乾脆就撕開一道門，輕鬆地走出去。

窮人腿瘸，是天生的，所以他要走路，就得有一根拐杖在他的手裡。他離開拐杖是不能走路的，所以他把拐杖看得比自己的腿更重要。

有的窮人腿本來就不瘸，自己卻總是認為自己的腿腳有毛病，離開拐杖是不能走路的。這樣，他就不敢一個人走路，更不敢在離開拐杖的情況下走自己從來就沒有走過的路。

窮人也想過自己上路，但是他不去治癒自己的瘸腿，而是去尋找適合自己的拐杖。大多數的時候，是沒有合適自己的拐杖的，因為好的拐杖造價太昂貴根本不適合窮人，或者窮人根本就無法得到。在這種情況下，窮人只能找到別人不用的拐杖或者一根木棍。

拄著拐杖的人，永遠是走不快的，也就永遠走在別人的後面。

富人在自己不能獨行的時候，也會選擇拐杖。他選擇拐杖的目的，是用來使自己學會走路。在自己學會走路的時候，無論怎麼好的拐杖，他都會棄之不用的。因為他知道，拿拐杖跑步的人，是不可能得到冠軍的。拐杖，在你會走路的時候，只能是一件很多餘的東西。

當然，富人很清楚自己一旦丟下拐杖去走路，摔跤是不可避免的事情。但是富人更知道，更結實的身體不是在某個人的懷抱裡養成的，而是在荊棘與坎坷的路上摔出來的。所以，富人在該丟棄拐杖的時候是毫不猶豫的，同時也做好了摔跤的準備。

不摔跤的最好辦法，就是在不斷摔跤的過程中成長、壯大，變得更加結實有力，並且知道怎麼樣才能不摔跤。而不是躲在別人的手掌心裡，拄著別人賞賜的拐杖。

富人知道門和路的區別。要想走屬於自己的路，就必須跨過一道門。很多窮人總認為自己無路可走，是因為自己找不到能夠上路的門。其實，這道門無時不在——那道門就是你的心門，打開心門，才會發現路的存在。

自己的心門，只有自己能打開。窮人的心門總是關閉的，那是因為窮人習慣走已經打開的門。打不開自己的心門，無論你走過多少道別人為你打開的門，那麼你也不會找到屬於自己的路。心門連著你的路，路連著你外面的世界。

富人是健康的，他的心沒有問題和毛病，心臟總是不停地更換著新鮮的血液，所以富人的心門永遠是打開的。

因為他很想到屬於自己的世界中，所以富人每時每刻都在尋找跨越心門的最好時機。一旦時機成熟，他就毫不猶豫地上路。上路，才有摔跤的機會。

摔跤有兩種摔法，富人和窮人的摔法也是不一樣的。富人是自己走自己的路摔的。在這種情況下，富人知道自己為什麼摔，摔到什麼程度，這個跤給自己什麼啟示，自己還有哪些不足，怎樣才能在以後不再摔同樣的跤。因為知道自己是怎麼摔的，那麼也就知道怎麼爬起來。自己摔倒自己爬起來的人，會變得更堅強更強壯，才有可能變成巨人。

窮人總是躲在別人的手掌心裡，拄著別人賞賜的拐杖，那麼他一旦失去了做奴隸的價值，那麼別人就會像倒一袋垃圾，或者像吐一口痰那樣把窮人打發到他應該去的地方。無論窮人會不會走路，別人都照樣收回拐杖。離開拐杖的瘸子，除了摔跤也沒有什麼選擇了。

由於沒有堅強的體魄，或者是沒有自己走路的習慣，一個跤摔下去，不是摔殘廢就是摔死。即使摔得不重，他也不會再站起來，他怕再摔同樣的跤。要想起來，除非有人再給他一根拐杖。

窮人獲得拐杖的原因其實就有一個，那就是他還有被利用的價值。如果沒有，他就更不能獲得拐杖，更不會被人捧在手心裡。等待他的結果就是要不在一個地方等一輩子拐杖，要不拄著拐杖走一輩子別人規劃好的路。但他永遠都是一個窮人。

窮人認為錢在富人的手裡
富人認為錢在窮人的手裡

松下的企業規模越做越大，可以說他已經獲得了不小的成功。從最初的家庭小工廠走到現在這樣的程度，在這個過程中，松下逐漸領悟到，所生產的產品只有做到物美價廉，才能吸引消費者，獲得消費者的青睞，才能有市場。

本著這一點，松下又投入到了收音機的生產中，結果他這個後來者同樣取得了驕人的成績。

日本是在一九二五年才擁有無線廣播的，而松下公司於一九三〇年開始投資研究生產收音機。在這一領域，松下可謂是一個名副其實的後來者，因為當時日本已經有了山中電機、七歐無線電、阪本製作所等幾家大型的收音機製造商，年生產量達到了二十萬台。

松下之所以從生產電池轉而把目光投向收音機，最初是由於他自己本人每天都收聽無線廣播電台的節目，但收音機的效果不好，老是出現故障，這惹得他極為生氣，所以才決心進行改造，生產出品質更好的收音機。

松下公司於一九三四年研製出型號為「R48」的收音機，售價為五十日元，推向市場後，五年累積銷售了二十七萬台。但松下並沒有滿足於這些，為了更貼近百姓生活，他覺得五十元的價格實在是貴了一些，所以決定將價格壓縮一半。

在經過思考研究，降低成本之後，一九三五年，公司又推出了「R10」型新產品，售價二十三日元，緊接著的是「R11」型高檔產品，售價二十一日元。這兩種型號的收音機出現在市場以後，更是受到了消費者的普遍歡迎。追求低價優質，「NATIONAL」品牌的收音機很快佔領了市場的大部分額度，而其他生產廠家只能望之興歎。

一九三二年的春天，曾有一位顧客來拜訪松下幸之助，想勸松下信仰宗教，但松下對這些並沒有興趣，便很客氣地拒絕了。這位顧客卻很是熱情，不斷地來拜訪松下。在他的熱情邀請下，松下無可奈何地隨他參觀了奈良附近大和市的天理教總部。這次參觀，松下依然對宗教不熱衷，但他卻透過參觀，使自己的思想受到了很大的震撼。

在參觀的時候，松下看見參加建設教祖殿的那些善男信女們都顯得非常虔誠，而教徒們更是捐獻大量的財物，義務工作起來也是勁頭十足，熱情如火，一切都在緊張而有序地進行著。

松下從眼前看到的一切，不知不覺地聯想到了企業的經營和建設上去。一個有魄力、有才幹的領導者，如果能夠使其他人緊緊地團結在自己的周圍，心甘情願又非常積極認真地從事工作，做出成績，這樣企業的規模就會不斷地擴大，就會更加繁榮和昌盛。但為什麼有的企業不能發展甚至還會倒閉呢？這關鍵還在於領導者經營的不善，他只顧了賺取利潤，當然這也是必不可少的重要一方面，但還應該顧及到其他的方面。企業不能為了純粹的利潤，為了生意而做生意，如果是這樣的話，最後的結果似乎也是一個必然。

為什麼辦企業和怎樣辦企業，這是企業能否更快更穩地發展的一個關鍵。對於這一點，在以前，松下並沒有多深的認識，因為在當時的情況下，他一門心思只是想如何才能讓自己的企業在競爭激烈的商場中站穩腳跟，這才是最根本的，他所有的一切皆是為了這個目的。

可是等到這個目標得以實現以後，回頭看一看，他覺得自己有確立一個明確的經營思想的必要了。

一個炎熱夏天的某一天，松下走在大阪天王寺附近街上。他看見有一個拉貨車的工人在抽完一根菸以後，走到一個自來水龍頭下邊，擰開水龍頭，津津有味地喝了起來。

自來水是由天然的河水經過加工處理以後才變成飲用水的，使用自來水需要繳納一定的費用。可是這個拉貨的工人卻沒有得到主人的允許就私自飲用，但卻沒有人阻止他，這種無償的行為算什麼呢？

松下想到這裡，猛然悟出一個道理，這也就是日後指導他更好地經營自己企業的「自來水哲學」。關於這一點，松下在一九三二年的一次講話中這樣說道：「水是人類生命中不可缺少的一種東西，但因日常生活方面，水之供應過於豐富，所以人們已把它的價值忘掉。同樣的道理，任何貴重生活物資，假如像水一樣售價低廉，且能取之不盡，用之不竭，大量供給，則人類的生活，最低限度物質方面不虞匱乏，而由貧窮所產生的多少苦惱，可以立即解除。同時，沒有疑問，幸福必會日益增加，故生產者唯一使命，就是要生產及供應如自來水一樣的無窮無盡的寶貴生活物資。」

在以前的創業過程中，松下曾取得過很多成功，每一次成功都讓他興奮和激動，但是領悟到企業經營的本質以後，他的興奮和激動強烈於以往的任何一次，他相信認識到這一點以後，他的企業的進步將會更大更迅速。

松下幸之助曾經出版過一本名為《實踐經營哲學》的書。在這本書中，松下總結的第一條經驗便是確立經營思想。他在書中說：「我從事企業經營六十年，透過切身的體驗而認識到經營思想的重要性。換句話說，對於公司為什麼而存在，應該本著什麼樣的目的，用什麼樣的方法去經營？這個問題，必須有一個堅定不移的基本想法。」

幾乎所有的人都知道，利潤是企業生存和發展的基石，一個企業如果沒有獲利，那麼它肯定要倒閉，但如何使企業獲得更高更多的利潤呢？松下這樣認為：他覺得企業獲得利潤和對社會的貢獻，這兩者是協調一致的，企業只有在對社會做出貢獻以後，社會才能用合理的形式給予企業應得的利潤。企業所提供的產品或服務中包含的努力越多，對需求者和社會所做的貢獻越大，他所得到的利潤就越大，這兩者是成正比例增長的。

這就是松下經營管理思想的最本質內容。松下根據它，使企業不斷地發展壯大並最終形成一個龐大的松下王國。當一個企業發展到一定的規模，若想保持穩定，使它還能夠發展，那麼首先就必須就其內部進行一些機制改革。松下也認識到了這一點，所以開始著手做準備。

有一句話，叫君子愛財，取之有道。窮人和富人在追求金錢的渴望上，應該說沒什麼區別，都希望自己能擁有世界上更多的財富，有這樣的追求，無論是窮人還是富人，都沒有錯。

還是那句話，窮人和富人是不能用金錢來劃分的。窮人有多少錢也是窮人，因為窮人最後總會一無所有，無論是物質還是精神上。富人最終肯定是有錢的，如果沒錢也不是真正意義上的富人。

世界上也沒有一個真正的富人始終靠出賣自己的體力或腦力賺錢。他會用錢會花錢，賺錢靠的是思考的力量，思考的力量是無窮的，所以富人的錢用數字是很難衡量的。而窮人只能是靠出賣自己的體力或者腦力來換得報酬。體力和腦力終歸是有限的，所以窮人即使有錢，也是有數的，這就決定了窮人只能存錢。

正是這個原因，窮人往往比富人更看重錢。然而，錢這東西，你越看重它，它就離你越遠。你越找它，就越找不到它，即使能找到它們，也是零零散散的它們。錢是喜歡找人的，總是找它應該找的人，那個人就是真正的富人。

窮人認為，錢應該在有錢人的手裡，在讓錢從別人的口袋回到自己的口袋過程中，是可以採用各種手段、透過各種管道的，甚至是可以不擇手段不計後果的。

其實，賺錢和從政是一樣的，都是得民心者得天下。錢，從什麼地方來？錢都是來自最基本的消費者。最基本的消費者支持誰，錢就去找誰，誰就是真正的富人了。

歷史上沒有一個暴君依靠他的強權政治和愚民政策獲得長治久安的，而是被他認為最軟弱的最可欺負的人趕下了台，最後不但什麼都沒有了，還要遭到人民的審判。

同樣，世界上沒有一個專盯著別人的口袋，想盡一切辦法把別人的錢變成自己的錢，進而成為真正的富人的。可以把自己當成聰明不可一世的人，也可以把消費者當成最好欺騙的最軟弱的人，但是再傻的人只要死死捂住了自己的口袋，那麼他的錢是很難掏出來的。

窮人有了錢，就會變得更加的貪婪，彷彿整個世界就是他的，他的力量無窮大，沒什麼他不能做的，也沒什麼他做不成的。所以他就開始瘋狂地跑馬圈地，什麼利潤大就做什麼，哪些消費者還沒被騙明白就去騙誰。他能有這樣的想法，那就是自己有一個窮腦袋，而且他的口袋越富，他的腦袋就越窮。窮腦袋要去支配富口袋，只能把口袋變成和他腦袋一樣貧窮。

最終他什麼也做不成，因為他已經到了把心掏出來也沒人看一眼的地步，結果只能輸得一無所有，包括他的錢，徹徹底底的窮人才是他真正的歸宿。

富人在往口袋裡裝財富的時候，也不斷地往腦袋裡裝財富。他知道，只有腦袋真正地富起來，口袋裡的財富才會越聚越多，才不會被別人被自己拿去填大坑。

富人看重錢，但是他更看重自己在做什麼，做得好不好。他知道只有做好了，那麼自然就會有回報。也只有做到一定境界，錢自然就會主動地跑到自己的口袋裡，是什麼也阻擋不了的。

富人做事，他始終認為自己是最傻的，自己的每一個客戶都是比自己聰明的，是不能欺騙和愚弄的。客戶永遠是對的，永遠是高高在上的上帝。如果他們不滿意，那只能說明自己做得還不夠。自己除了更加嚴格要求自己之外，是沒有任何藉口的。除了讓客戶更滿意之外，沒有什麼其他的選擇。

富人認為錢不是在有錢人的口袋裡，而是在廣大老百姓的口袋裡，只有自己製造出物美價廉的商品，只有自己提供更優質的服務，才能讓老百姓心甘情願地把自己的錢掏出來。

富人有了錢，他只會把錢用在他會用的地方，而不是什麼賺錢就用在什麼地方。有一句令人深省的名言是這樣說的：比爾・蓋茲是世界上的首富，他可以什麼都做。但是，他幸運的是除了軟體什麼也沒做。

富人知道，對產品製造者與產品消費者來說，產品消費者是弱勢群體，他們不知道產品是怎麼製造出來的，也不知道產品的利潤是多少，但他們在用過你的產品之後絕對知道你的公司怎麼樣，你的產品怎麼樣。欺騙他們的機會也只有一次，但絕對沒有第二次。他們可能對你一點辦法也沒有，但他們絕對有辦法讓和他們有關係的人不再買你的產品。

消費者是富人這艘船底下的水，水的多少，就決定載的船是什麼樣的。如果是小溪，它上面只能漂竹筏；如果是江河，只能漂小噸級別的輪船；如果是大海，就可以漂大噸級別的輪船，甚至是航空母艦。

窮人和富人都是一條船，船下面的水，不是自然是小溪是江河是大海的，它是可以增長可以減少可以變化的，至於它是什麼，將取決於誰對水的珍惜與尊重。

窮人即使是大海上的航空母艦，由於他不知道水對自己的重要，那麼水就會越來越少，大海變成了江河，江河變成了小溪，那麼窮人的航空母艦也就隨之變成了竹筏子。如果小溪的水也乾了，那麼窮人的竹筏子也只有在淤泥裡爛掉了。

富人即使是小溪裡的竹筏子，因為小溪變成江河，江河變成大海，那麼竹筏也隨著變成了航空母艦。

水，在某些人眼裡是不值錢的東西，是取之不完用之不盡的東西。但是，水永遠是生命不可或缺的東西，也是竹筏成為航空母艦的基本保證。

窮人能看一寸
富人能看一丈

松下的「松下電器製作所」，在一九三五年十二月更名為「松下電器產業株式會社」，原來獨立核算的事業部也變成了相應的獨立公司，過去由個人經營管理的機制也轉變成了法人組織管理，松下本人由原來的所長晉升為社長，管理著下屬十個分公司。松下之所以進行這樣的改革，目的就是要化整為零，將龐大的機構進行濃縮，使得各個分公司各司其職，明確自己的任務是什麼，調動其工作的積極性和主動性，增強其自主意識。

與此同時，松下還提出了七個精神：產業報國精神，光明正大精神，友好一致精神，力爭向上精神，順應同化精神，感謝報恩精神，禮貌謙讓精神。松下要求全體松下員工必須遵守這七個精神，目的就是將松下電器企業的優良傳統和作風保持下來，使分公司的經營風格和方針路線保持協調一致。

松下幸之助認識到，只有在大方向上把握住全局，使七大精神深入到每一個員工心中，他們才能有一股動力，有精神上的支柱，也只有這樣，公司和個人才能更嚴格地要求自己不斷地向更高的目標邁進，有更大的發展和進步。

松下幸之助對松下企業內部的機構改革，牢牢地建立了自己的統治基礎，同時也加強了其內部的團結和凝聚力。做到了這一點，為松下能夠創造出更大的輝煌也打下了良好的基礎。

松下是一個有先見之明的人，他之所以有先見之明，是源於他勤於思考，喜歡對各種事物、情況進行預測、推想和分析，然後得出結論，知道在眼前或是未來即將發生什麼。松下清楚這些以後，他就不會停留在認識的表層，他會積極地付諸行動去做，並且主動超前規劃，所以他總是比別人先邁出一步，同時也比別人更早獲得成功。松下電器企業從最初的家庭工廠一躍成為跨國際的企業集團，很大程度上靠的就是這一點。下面我們來看一看，松下是如何決定轉產馬達生產製造的。

三〇年代末期，家電熱在全世界範圍內悄然興起，但還處在一個隱蔽階段。松下憑著自己敏銳的直覺，嗅出了這一潛藏的商機，意識到在不久的將來，必然會有一場家庭革命運動，家電熱衝擊每一個家庭，而這其中家電動力則是一個至關重要的決定性因素。

於是，在一九三八年，松下幸之助非常果斷地成立了一個松下電機公司，專門生產馬達。松下原來所從事的家電生產按其分類是屬於輕工業的，而馬達生產則屬於重工業，松下從一個熟悉的領域邁進了另外一個陌生的領域，令很多人百思不得其解。有人甚至提出了質疑，問松下是否由於家電行業前景暗淡，轉而投資其他產業，以謀發展。但松下的想法和目的卻又與之截然不同，聽一聽他在記者招待會上對記者的回答吧！他說：「轉產馬達，並非說明家電業前景暗淡，而是為其蓬勃發展做準備。諸位家庭也許還未使用小馬達，但有的家庭已經使用，如電風扇、小型水泵等。再過幾年，你們就可能看到，我們的衣食住行都必然會藉助某種動力，美國家庭中使用的馬達已由一台增至十幾台，日本很快也會如此。只要一按電鈕，一切都會動起來的時代不久就會到來了。」

松下的話雖然很有道理，能夠讓一部分人信服，但卻還有另外一部分人持著半信半疑的態度。可是，不管他人的態度如何，最後事實證明松下的敏銳洞察力和科學預見性的正確無誤。第二次世界大戰結束以後，家電熱席捲全球，而馬達作為家電的心臟，更顯得供不應求。五〇年代初期，松下電動機公司的門真馬達廠日產量就達到了五萬台。

松下針對社會發展趨勢，審時度勢，及時地做出企業發展的調整，轉產馬達，牢牢地把握住了市場。在家電熱來臨之際，不僅在國內打下了堅實穩固的基礎，就是在國際市場上也擁有了一定的知名度。

松下電器公司要走向國際了，這是一次難得的機遇，但與此同時，也面臨著更大更多的挑戰。松下意識到如果企業還走以前的老路子，不一定能在國際市場上長久地立足，所以必須要吸收一些新的經驗和方法，融入到其中，使它更趨於完善，這樣才可能獲得更大的成功。於是在一九五一年一月八日，作為松下電器走向世界的象徵，松下幸之助首次出訪美國。

在當時，美國與日本投入電氣產品生產所需的原材料基本是相同的，而購買原材料所付的資金及製成品的售出價格也都相差無幾，但美國工廠的工人卻是日本工人工資的十倍有餘。美國公司為什麼可以獲利，而日本公司卻虧損，這其中存在的原因是什麼？這就是松下訪美的最大目的，他希望能夠得到一個滿意的答案。

美國對日本具有多大的市場價值，在經營方法、設備、資金和技術方面，哪些值得自己借鑒和學習，美國之所以如此強大靠的是什麼，美國企業之所以興旺發達靠的又是什麼？這些都是松下亟待想要得到解決的問題。

一個月的訪美時間，對松下而言，真是獲益匪淺。他找到了自己想要的答案，其實不外乎兩個原因：一是體制的民主化，二是企業的科技化。松下相信，如果能將這些先進的思想經營理念融入到自己的企業管理當中，肯定也會收到不錯的效果。

想到哪裡，做到哪裡，松下從美國回到日本，就馬上將取到的真經付諸行動，進行又一次改革。雖然這其中存在著許多的障礙和困難，但把這些都一一掃清以後，觀其後效，與想像中的相差無幾。狹小的日本市場已經無法滿足松下電器企業的高速發展了，松下集團到了開始真正走向世界的時代。

松下經過五十多年的艱苦奮鬥，創造了輝煌的業績，使自己的企業成為以生產電子產品為主的國際性的龐大的企業集團。到一九九〇年的時候，公司員工已達一九・八三萬人，資產一九七・四八億美元，在世界五百強中名列第十七位，松下本人連續十年榮登「日本最高納稅人」榜單的榜首。

松下幸之助被人譽為是「經營之神」，對於這個稱謂，它不是一個虛名，用在松下身上，是當之無愧的。無論是腦袋還是口袋，松下都是富有的，他是人們眼中徹徹底底真真正正的富人。

一個只讀了小學四年級的人，一個從九歲就開始謀生的人，一個靠幾十元起家的人，最後成為商界航空母艦的掌舵人，成為萬人景仰的富人，是神話，又不是神話。

不論是窮人和富人，誰都可以開一間十幾坪的小鋪子，但只有真正的富人，才能依靠自己的聰明和智慧，把小鋪子變成世人皆知的大企業，他的企業會影響到世界上的每一個人。

作為每一個想成為真正富人的人，我們不僅僅關注富人的口袋，更應該關注他的腦袋，特別是富人口袋還沒有鼓起來時的腦袋，看看他都往自己的腦袋裡裝了些什麼東西。

現在市面的東西很多很多，有很多東西對我們充滿著難以拒絕的誘惑，有的東西看上去很好，有的東西看上去很有用，但是那些不是使我們成為真正富人的東西。

我們一定要分清楚有錢人和富人的區別，做一個一時的有錢人很容易，但做一個真正的富人並沒有那麼簡單。有錢人不一定有一個富腦袋，可能只有一個富口袋。但是要記住，沒有富腦袋支配的富口袋，總有一天會變成窮口袋。

窮人有窮的原因，富人有發財的理由，這其中沒有什麼偶然，只有不變的必然。我們不要把目光全盯在口袋上，而是應該放在自己的腦袋上，一旦自己的腦袋富有，那麼我們口袋的富有就是時間的問題了。也只有我們的腦袋富有了，才能真正地駕馭財富，而不被財富所傷。

窮人和富人，首先是腦袋的距離，然後才是口袋的距離。

第八章：野心勃勃

（從窮人到富人的出生證）

在法國有一個身價過億的富人，他叫巴拉昂。巴拉昂靠推銷裝飾肖像起家，在不到十年的時間裡，就已經把自己的名字列入法國五十大富豪的排行榜上了。

不幸的是，這位年輕的富人，患上了前列腺癌，於一九九八年在法國博比尼醫院去世。在他去世之前，他立下了一個奇怪的遺囑，把他價值四・六億元的股份捐獻給博比尼醫院，用於攻克前列腺癌的研究經費。此外，他還特意留出一百萬法郎作為獎金，獎勵給能揭開貧窮和富有之謎的人。

巴拉昂去世之後，法國一家名叫《科西嘉人報》的報紙，刊登了巴拉昂的遺囑。遺囑是這樣寫的：

我曾經是一個窮人，去世的時候卻以一個富人的身分走進天堂。在跨入天堂門檻之前，我不想把我成為富人的秘訣帶走。現在這個秘訣就鎖在法蘭西中央銀行我的一個私人保險箱裡，保險箱的三把鑰匙在我的一個律師和兩個代理人手裡。如果誰能回答窮人最缺少什麼，而因此貧窮，猜中我的秘訣，他將得到我的祝賀。當然，那時的我已經無法從墓穴中伸出雙手為他的睿智而歡呼，但是他可以從這個保險箱裡榮幸地拿走一百萬法郎，那就是我給予他的掌聲。

遺囑刊出之後，《科西嘉人報》就收到了很多讀者的來信，有的在信中懷疑《科西嘉人報》是為了增大自己的發行量藉題故意炒作，有的人在信中大罵巴拉昂瘋了，仗著自己有幾個破錢拿窮人開玩笑。但是也有很多熱心的讀者寄來答案。

對於巴拉昂提出的窮人因為最缺什麼而貧窮的問題，報社共收到了四八五六一個答案。答案是千奇百怪，說什麼的都有，有點讓人啼笑皆非了。

絕大多數人認為，窮人之所以窮，那是窮人最缺的是錢，有錢不就不是窮人了嗎？還有的人認為，窮人最缺的是發展和發財的機會，如果有這樣的機會，誰都能成為富人。還舉了例子說，如果一個窮人在股票跌到最低點買進，再等到股票漲到最高點賣出，說不定一夜暴富呢！窮人總比富人倒楣，好事趕不上，壞事少不了。

還有的人認為，窮人缺少的是技能。有獨到的技術在手，自然是吃喝不愁。窮人如果能像比爾・蓋茲那樣能有寫視窗系統軟體的技能，說不定也能成為世界首富。窮人就窮在幹啥啥不成，吃啥啥不剩。

還有的人認為，窮人之所以窮，那是因為他們缺少幫助，很多窮人得不到很好的教育，而且還經常受到不公正的待遇，受到侵犯沒地方去說理。

其他的答案更是五花八門：有的說窮人缺少漂亮的衣服，有的人說缺少一定的權力……

巴拉昂逝世一週年紀念日，律師和代理人按巴拉昂生前的交代，在公證部門的監視下打開了那只保險箱，他給出的答案是：窮人不能成為富人，那是因為窮人最缺少的就是野心——成為一個富人的野心。

巴拉昂的謎底引起很大的震動，這種震動甚至超出法國，波及英美。後來，一些好萊塢的新貴和其他行業幾位年輕的富翁就此話題接受電台的採訪時，都毫不掩飾地承認：野心是永恆的特效藥，是所有奇蹟的萌發點；大多數人是因為他們缺乏成為一個真正富人的野心。

據考證，世界上所有的大富豪，在其沒有成為富豪之前，都非常地渴望富有而憎恨貧窮，成為大富豪，是他們矢志不渝的目標。

世界上曾經出現一個人，在他很小的時候，他就想擁有很多的財富，成為當時世界上最富有的人。在他七歲的時候，得了一場病，而且性命垂危。在這個時候，他想到的不是死亡，而是他寫在紙上的一大串數字。他對照顧他的護士說：「現在我雖然沒有太多的錢，但是總有一天，我會很富有。我的照片也會出現在報紙上的。」

現在，這個人擁有的財富已經有一六六億美元了，成為當時世界上新的首富。

他是極有野心的，他的野心就是成為大富豪。他透過自己的努力，把野心變成了現實。

這個從小就有野心的人，就是現在世人皆知的華倫·巴菲特。

窮人賺錢為了消費
富人賺錢為了證明

一九三〇年八月三十日，華倫・巴菲特出生在美國內布拉斯加州的奧馬哈市。他在家中三個孩子中排行第二，是唯一的一個男孩子。巴菲特的母親利拉來自布拉斯加的一個小鎮，是個身材矮小、性格活潑的人，同時還有很好的數字頭腦。父親霍華德・巴菲特既嚴肅又和藹可親，是他把一個股票和證券的世界展現在巴菲特面前，並在巴菲特心裡種下未來發展的種子。他對巴菲特一生的發展產生了舉足輕重的作用。

華倫・巴菲特生命的最初幾年是在極其惡劣的條件下度過的。當時家裡的生活相當困難，父親霍華德是聯合街道的證券銷售商，可是在離巴菲特一歲生日不到兩週的時候，霍華德所在的銀行倒閉了。他的工作泡湯了，儲蓄也落空了，整個家庭陷入了困境。

後經多方努力，霍華德和合夥人喬治・斯克萊尼卡一起經營的巴菲特・斯克萊尼卡公司在法納姆大街聯邦州立銀行大樓裡開業了。公司主要做「投資證券、市政公司及公用事物股票及證券」的業務。但由於市場的崩潰削弱了公眾的信任感，巴菲特・斯克萊尼卡成了一個徒有虛名的公司，生意清淡至極。

中國有句俗話叫「內外交困」。巴菲特一家的生活已經相當窘迫，但就在這個時候卻又遭到了自然界惡劣氣候的侵擾。塵暴從奧克拉荷馬湧來，整個奧馬哈人都關緊了門窗以躲避蝗蟲的侵襲。

在巴菲特四歲生日的時候，夏天，天氣熱得就像著了火，巴菲特和姐姐桃莉絲頂著酷暑站在門前苦苦等待著經過的拉水馬車，以便獲得一些冰含在嘴裡。到了冬季，情況簡直更糟糕，巴菲特和姐姐被包得嚴嚴實實的，凍得連門都不敢出。

到了巴菲特進學校念書的時候，家裡的情況開始慢慢有了好轉。在巴菲特六歲的時候，一家人搬進了郊區第五十三北大街一座斜木瓦屋頂的更為寬敞的都鐸王朝式的磚房裡。以前所經歷的那些艱苦和磨難開始被一點點地淡忘了。

什麼事情淡忘了，但並不等於就把它忘記了。幼年時期的苦難對巴菲特的一生產生了非常深刻的影響，他產生了一個相當執著又現實的理想，或者也可以說是夢想：他要讓自己變得非常富有。

想變得富有的原因很簡單，就是為了使自己和家人的生活不再受貧困的困擾。對於貧困的日子，巴菲特是非常憎恨的，他發誓要成為非常非常富有的人。從此以後，這個野心就在他幼小的內心世界慢慢地膨脹。在以後的所有日子裡，巴菲特從來沒有放棄過這個夢想，他只是越來越努力地去實現它。

為了使自己能有錢，巴菲特從五歲時起，就沒有放過身邊任何一個可以賺錢的機會。

在只有五歲的時候，巴菲特就在自家的過道上擺了一個賣口香糖的地攤，向過往行人出售。後來，他就在繁華的鬧市區中，擺攤賣起檸檬汁。

在六歲的時候，巴菲特一家人破天荒地有了一次度假的機會，他們一家人在北愛荷華的奧科博吉湖租了一間小屋。度假本來就是來玩的，但是六歲的巴菲特也沒忘了利用這個機會賺錢。

巴菲特用二十五美分買了六瓶的可樂，然後他繞著湖邊以五美分一瓶售出，賺了五分錢的利潤。

從這裡回到家以後，他從父親的雜貨店裡買來蘇打飲料，在夏天的夜晚挨家挨戶地去賣。

在巴菲特七歲的時候，因為一場莫名其妙的高燒住進了醫院，醫生切除了他的闌尾。對於他的康復，醫生都沒有什麼信心，因為他太虛弱了。

面對著死亡的威脅，巴菲特很樂觀，他相信自己還不會死，因為自己還沒有成為一個真正富有的人。他拿著鉛筆在紙上寫了許多數字，並告訴護士說那些數字就代表著他未來的財產。在死亡線上徘徊的巴菲特，靠著自己一定能擁有財富的信念，戰勝了病魔。

巴菲特沒有把自己的野心僅僅放在嘴上，而是放在自己的手上，放在自己的腳下，靠自己的行動一點一點地去實現。自己賺來的每一美分，在別人看來可能無足輕重，但是對他來說，卻是自己接近大富豪的一步。每一步，對他來說，都是不可或缺的。

九歲的時候，巴菲特在高爾夫球場尋找用過但還可以出售的高爾夫球，他把那些球撿來，再拿去賣。在賽馬場滿是鋸末的地板上四處搜尋被撕破丟棄的存根，目的是為了發現中了獎但不小心被扔掉的彩券。在炎熱的夏季，去給「奧馬哈鄉村俱樂部」的富翁們揹高爾夫袋，賺三美元的報酬。

幼小的巴菲特不但賺這些小錢，他還對有些商品在市場上的銷量很關注，並且親自去調查。他和小夥伴拉塞爾在拉塞爾家對面的加油站數著從蘇打水機裡出來的瓶蓋數。他們想透過瓶蓋來判斷一下，在一段時間內，橘子汁、可樂和無酒精飲料各能賣多少。他們還把這些瓶蓋收集起來，然後放到巴菲特家裡的地下室裡。從這裡他們就能知道哪一品牌銷售量最大，哪家的生意最好做。

在別的孩子還只顧玩耍的時候，巴菲特就已經知道了什麼是股票。父親是股票經紀人，他把父親拿回家的股票行情機紙帶鋪在地上，用父親的標準普爾指數來解釋這些報價符號。

諸如此類的事，小時候的巴菲特從來就沒有停止過。他這樣做並非是為了得到一些零用錢，他有自己的目的所在。這是他向自己的目標一步步逼近的過程，小小的巴菲特是在對金錢的夢想中得到一種精神的寄託和支柱。

隨著年齡一點一點地增長，巴菲特深深地迷上了股票。為此，他經常跑到父親那日益興隆的股票交易所去。在父親的辦公室裡，巴菲特常常目不轉睛地盯著那些收藏在印著燙金字專櫃裡的股票和證券單據，這些東西對他似乎有著超乎尋常的魅力。

與父親的股票交易所在同一幢大樓裡的哈里斯·厄珀姆證券所是股票報價的源地，因此金融界人士在此出沒非常頻繁。為了增長自己的見識，巴菲特經常到這裡。時間長了，便和哈里斯·厄珀姆的經紀商處得很熟，對方很放心讓他把股價寫在黑板上。

也就是在這個時候，巴菲特學會了自己動手畫股價圖，以便觀察它的漲落態勢，並引發他想解釋這些態勢變化的欲望。在巴菲特十一歲這一年，他以三十八元的價位，為自己和姐姐桃莉絲果斷地各買進三股城市設施優績股股票。在買進後城市設施股的股價開始跌至二十七美元，後經搶救升至四十美元。

巴菲特由於是第一次親身涉足股市，對一切都還不是太熟悉，在看到大部分人都開始往外拋股時，巴菲特也把手中的六股股票拋出去了。可是沒過多久，城市設施的股價升至了二百美元。巴菲特雖然賺了自己在股市的第一筆利潤，但同時他也得到一個深刻的教訓，那就是無論在什麼時候都要沉著、穩重、有耐性。

少年時的巴菲特的確有成為大富豪的欲望，他曾經不止一次地對自己的朋友說在他三十五歲以前一定要發財，他不是自吹自擂，而是對自己充滿了信心。

一本名叫《賺到一千美元的一千招》的書中用「以自製的軟糖起家——麥克・杜格爾夫以三十八美元成為百萬財富」等一連串故事來遊說未來的洛克菲勒似的人物。巴菲特非常喜歡讀這本書。他時常把自己想像成為一個虛幻的人物——想像自己站在一座金山旁邊，多麼渺小，而這座金山帶給他的狂喜遠遠超過這一座糖山。巴菲特是作者所編織的夢幻故事的讀者。巴菲特牢牢地記住了書中的建議，「一開始，立即行動，無論選擇去做什麼，千萬不要等待」，並恰到好處地把它運用到了自己今後創業的過程當中。

窮人和富人一樣渴望擁有金錢，但他們對金錢的渴望程度是不一樣的，對擁有錢的多少也不一樣。

窮人是因為窮得沒法過下去，甚至衣食沒有著落不得不想到金錢。

窮人眼裡的金錢作用就是能使自己吃飽穿暖、衣食無憂就可以了。他們最高的境界就是能擁有豪華的轎車，住著豪華寬敞的別墅，擁有漂亮的妻子，能出入各種高級的消費場所，讓別人知道他是一個有錢人，讓那些沒錢的人對他充滿敬意和羨慕，就心滿意足了。

窮人對金錢擁有的數目，是階梯狀的，從滿足生活需要的開銷↓銀行裡的存款↓有買房子的錢↓買車的錢↓買好車的錢↓買別墅的錢↓給子女存一大筆錢。

正因為窮人對金錢擁有的目標是階梯狀的，那麼就有可能達到哪一個目標都滿足。一般來說，窮人到了有自己希望擁有的房子那個階段，就失去了打拼的動力，就會過上一種滿足而麻木的生活。如果沒有太好的賺錢機會，他們就會停止不前，一輩子就這樣重複下去。

正因為窮人對金錢有這樣的認識，導致他們僅僅知道錢是用來買自己需要的東西的，而不是用來投資的，那麼他們採用的賺錢方式，也就是出賣自己有限的腦力和體力，決定他們終身要為自己的消費去做一個給他人賺錢的工具。

窮人只是在自己需要錢，而別人又不可能給自己錢的時候，才想到自己去賺錢的。在窮人不需要錢的時候，對金錢是很淡漠的，也就是說，窮人對金錢的擁有，不到萬不得已，是不會有太大欲望的。

沒有賺錢的欲望，在父母能給自己提供開銷的時候，窮人就是知道花錢，甚至是毫不吝惜地花錢，他們不會想自己花的錢是怎麼來的。

窮人賺錢的邏輯是，在自己沒有長大成人之前，是不應該考慮賺錢的，考慮賺錢就有點不務正業了。他們要做的是怎麼樣努力才能使自己成為別人需要的人才，因此他們要做的是兩耳不聞窗外事，一心唯讀聖賢書。他們堅信書中自有顏如玉，書中自有黃金屋。

窮人學習生存的本領，不是根據自己的愛好和興趣，而是看社會和別人是怎麼規定的，比如社會強調文憑，那麼他們就去考文憑，公司需要資格證書或者職稱，他們就去搞證書和職稱。

所以，在擁有金錢面前，窮人從來都是被動的而不是主動的，那麼他們擁有金錢的數目也只能是有限的了。

富人和窮人不一樣，富人生來就有對金錢控制和擁有的野心，把追求金錢作為自己人生的終極目標。當然，真正的富人雖然有擁有無數金錢的野心，但他們不會為了金錢而不擇手段，而是遵守賺錢的遊戲規則。

只要不違反法律和社會秩序及道德的規則，有野心和欲望應該是一件好事情。強大的野心和欲望，可以充分調動一個人的主觀積極性。特別在一個人小的時候，就有可能充分挖掘他的潛力和天賦，還能增進他為人處世的積極性，健全他思考問題和判斷問題的能力。

任何人在自己步入社會的初始階段、創業的最開始，都會遇到連自己都難以想像的困難。

有的困難是由自己失誤造成的，有的困難就是他人人為製造的，總之會讓你在前進的道路上備感艱辛，每向前一步都要付出很大的代價。

任何一個人都能接受實力不如人的失敗，但並不是每一個人都能接受不公平競爭下的失敗。**窮人總是認為自己不能改變事實而放棄，富人總會在事實難以改變的情況下改變自己。**

有了野心和欲望，就相信自己能戰勝一切困難，也能解決自己所遇到的困難，不會因為有困難而找藉口放棄，而是想辦法解決。

也正是因為有了野心和欲望，就會讓人有一個好的心態和好的習慣，做事更能實事求是，踏踏實實。不因為自己偶爾的挫折去懷疑自己的能力。強大的野心和欲望，可以逼著人調動一切聰明和才智去解決問題。

賺錢也是一種習慣，在使自己成為大富豪的欲望驅使之下，富人就會不自覺地在生活中，養成發現賺錢機會的習慣。富人發現賺錢的機會總比窮人多，好像在他們眼裡，賺錢的機會總是無處不在。他們的嗅覺總是在常人認為不可能出現財富的地方，聞到地下金礦的味道。這不是他們比常人聰明，而是因為他有找到發財機會的習慣。

富人賺錢的目的絕不是用來滿足自己一己私欲的，他們不會因為自己的生活，或者自己下幾代有了花不完的錢而放棄去賺錢，他把賺錢當作是一種樂趣，更是一種證明，所以他們一生就會無止境地賺下去。

富人也可以擁有自己的豪華轎車和豪華別墅，也可以享受奢侈的生活，但這些是他們的財富給他們帶來的，絕對不是他們追求財富的目標。

富人在掌握賺錢本領的時候，不是死板教條的，他會知道什麼對自己有用，什麼對自己沒有用。即使全社會的人都認為是有用的東西，哪怕是哈佛大學的博士畢業證書，他們也是該放棄就放棄，一點猶豫都不會有。

對能實現富人野心的東西，哪怕是所有人都認為無用的東西，富人從來不會放棄因為暫時用不上，看上去也是百無一用，但卻是增加自己信用、能力和實力的東西。

富人從來就是自己走自己認為正確的路，不活在別人的目光裡，不活在別人的評論中，他會用事實證明自己的選擇是正確的。

富人賺錢從來不是一對一的，也就是他不甘心靠自己出賣體力或者腦力，給別人創造財富以後，再由別人賞賜自己那麼一點點。他在創業初始的時候也可能去工作，但只要條件成熟，他的野心和欲望很快就能使他跳出來，因為他要對金錢進行絕對的控制和使用，把有限的金錢的力量發揮到最大，最後再用金錢的數目，把自己選擇判斷的結果加以證明。

窮人有揮霍財富的習慣
富人有發現財富的習慣

在巴菲特以後的境遇中，不論發生了什麼樣的事情，他成為大富豪的野心也沒有消失過，並且他不論在任何時候，也都為成為一個真正的富豪做著準備。

在巴菲特十一歲那年的夏天，父親為了讓他和姐姐真正地體驗一下農場的生活，就登了一則尋找農戶的廣告，所以一連幾週，巴菲特和桃莉絲都寄居在一個叫埃爾默・貝恩的農場主那裡。可是巴菲特對農場裡的一切沒有絲毫的興趣，他嚮往奧馬哈市，他熟悉那裡的一切，這就預示了巴菲特將永遠屬於奧馬哈而不是農場。

如果巴菲特從小就在農場裡長大，他對農場的感情可能就如同對奧馬哈的感情一樣深，可是關鍵是他成長在奧馬哈，他習慣了奧馬哈的生活。

對奧馬哈的深厚的感情，註定了巴菲特是屬於奧馬哈的。

一九四一年十二月爆發了珍珠港事件。一九四二年，內布拉斯加第二選區的共和黨人找不到一個候選人來參加戰時總統的競選活動，於是把目光盯在了霍華德．巴菲特的身上。結果，霍華德在競選中竟出乎意料地成功了，這意味著巴菲特全家不得不離開奧馬哈。霍華德在華盛頓弗德里克斯堡的佛吉尼亞鎮租了一間房子，巴菲特對這裡充滿了厭惡之情。

巴菲特不喜歡自己的生活有任何形式的改變，但這次離開奧馬哈卻使他的世界有了一次大顛倒。冷不丁地從一個熟悉的環境中被拉了出來，脫離了朋友們，而且還與父親造成了隔膜，這使得他陷入到了非常痛苦的思鄉情結中。

在弗里德里克斯堡過了幾週以後，巴菲特徵得父母的同意，又搬回了奧馬哈與祖父歐內思特同住，並且幫助祖父的公司做事。

工作是很辛苦的，令只有十二歲的巴菲特苦不堪言。他要搬板條箱，拉蘇打水瓶。他很討厭那樣的工作，也不喜歡公司裡糟糕的環境。

儘管生活很不如意，巴菲特也沒有忘記學習。他經常到父親的一個商業夥伴卡爾．福爾克家裡吃午飯。在飯還沒有好的時候，巴菲特就抓緊時間，從福爾克研究投資的書堆裡拿出一本來，認真地看。

福爾克夫人很喜歡巴菲特，她就問巴菲特，你為什麼喜歡這類看上去很枯燥的書呢？巴菲特一邊喝著雞湯麵，一邊一本正經地宣布，他要在三十歲之前，成為一個百萬富翁。他還發誓說，如果他實現不了這個目標，就從奧馬哈最高的建築物上跳下去。

福爾克夫人想不明白，一個這麼小的孩子，怎麼對賺錢那麼著迷呢？於是，就問巴菲特，你為什麼想賺那麼多錢？賺那麼多錢做什麼啊？

巴菲特說，我想成為一個富翁，倒不是我想要很多錢，我覺得賺錢來看著它慢慢增多是一件很有意思的事情。

直到一九四三年秋天，巴菲特再也找不出任何藉口逃避去華盛頓服兵役了，於是這段離開華盛頓的暫緩期也隨之宣告結束了。

再一次回到華盛頓的巴菲特隨著家人搬到了位於華盛頓西北四十九街上，但在這裡，巴菲特依然不快樂。在愛麗絲迪斯上中學，他的成績平平，而且總是一副不修邊幅的樣子，這使得他總是徘徊在社會主流的邊緣。

不快樂的生活中唯一能給巴菲特的生活帶來一些衝擊的就是有了為《華盛頓郵報》送報這份工作。當時他已經滿十三歲了，他登記了自己的收入並提交了納稅申報表——他堅決不要父親幫助納這筆稅款。

巴菲特因為不喜歡自己生活的環境，曾經和幾個小夥伴一起離家出走，途中碰到了員警，只好又回到家裡。

兒子離家出走，使霍華德和利拉感到非常震驚，他們對回來後的巴菲特變得非常和藹。霍華德打定主意要制止巴菲特的這種反叛行為，他告訴巴菲特必須要提高自己的成績，否則就要放棄送報紙的工作。

不讓巴菲特送報紙，就等於斷了他賺錢的路，所以他說什麼也不能丟掉這份工作，那麼他只有好好讀書了。

爸爸的話像是給巴菲特打了一針強心劑，他的成績有了提高，他不僅沒有放棄送報，而且還擴展了幾條送報的路線。《時代先驅》是《華盛頓郵報》的一個競爭對手，它的路線所覆蓋的區域與巴菲特送《郵報》的區域完全一樣。於是巴菲特就遊說訂閱《時代先驅》的讀者改訂自己的《郵報》，這樣他就又增加了一大批的顧客。

巴菲特增加了送報路線，每天早上約有五百份的報紙要送。

巴菲特每天送報都要去一個叫韋斯特切斯的公寓，這座公寓坐落在教堂大街，是一座由紅磚砌成的八層的有尖頂的建築群，巴菲特把它看成是皇冠上的寶石。

在這座公寓裡，巴菲特總是將每幢樓的報紙一半放在第八層電梯的平台上，另一半放在四樓，然後他就在各幢樓之間徒步穿行，一層樓一層樓地把報紙放在每戶的門前。到了收費的時候，他則在前台放一個信封，就免得再挨家挨戶地跑了，既省時又省力，真是一舉兩得。

巴菲特在送報和收費的時候想到了提高效益的方法，緊接著又考慮是否可以透過增加產品線來提高利益。巴菲特開始在公寓裡出售雜誌了。其秘訣在於能在適當的時機徵詢訂閱。巴菲特回憶起他的某些顧客說：「總是把他們的雜誌放在樓梯口，你可能透過撕下地址標籤來通知他們訂閱期滿了，就這樣，我就對每個人的訂閱期限瞭若指掌了。」

由於當時的華盛頓正處於戰爭期間，人們在公寓間搬進搬出十分頻繁，有時就會忘了付給巴菲特報錢。於是巴菲特便和電梯間的女孩子達成了一項交易，她們可以得到免費的報紙看，但同時要保證及時準確地為巴菲特提供資訊：誰搬進或搬出。

很多像巴菲特那麼大的小孩，如果自己有了錢，可能要去買自己喜歡的糖果和玩具，但是巴菲特卻把自己賺來的每一分錢，都放在自己的一個抽屜裡，誰也不能動，他喜歡看著自己的財富一天一天地變多。

巴菲特與眾不同的地方是，他不但知道靠自己現有的能力去賺錢，而且還知道如何學習賺錢的知識，並把學到的知識在現實中加以證明和展示。

巴菲特在華盛頓這個陌生的城市不斷地奔波，為自己事業的起步做著努力。他如饑似渴地讀著每一本可以搞到手的商業類書籍，鑽研保險業報表，為他的送報路線操勞。巴菲特賺的錢開始越來越多了。

巴菲特動用他的聰明和智慧，把送報做成了一樁大生意，他每個月一七五美元的收入幾乎和許多全天工作的年輕人相差不多。一九四五年，巴菲特十四歲，他取出自己積蓄中的一二〇〇美元，在布拉斯加一塊四十英畝的農場上投下了他的第一筆資金。

唐納德·丹利是司法部門一位律師的兒子，是一個嚴肅而聰慧的學生。一眼看上去，他和巴菲特似乎沒有什麼共同之處，但他們在內在卻有一種共同的語言，那就是對數字都有著超乎尋常的興趣，基於這一點，他們成了好朋友。

在上高年級的時候，丹利花二十五美元買了一個舊的彈子球機，這給他和巴菲特的生活帶來了一些樂趣。他們整天玩它。機器經常出現故障，丹利負責修理，這使得巴菲特非常佩服朋友在這方面的才能，但同時也誘發了他一個想法：把機器放在威斯康里大街的理髮店裡，然後把它租出去，不就可以賺錢了嗎？

巴菲特和丹利到理髮店找到老闆說明意圖後，雙方達成了五五分成的協定。第一天，他們就用彈子球機賺了十四美元。在一個月之內，巴菲特和丹利在三家理髮店設置了球機，後來又擴展了下家。他們的生意好極了，幾乎每週都有五十美元的收入。巴菲特感覺自己好像生活在現實生活的幻想當中，他為自己和丹利做出租彈子球機生意的公司起了個名字叫威爾森角子機公司。

威爾森角子機公司的分工特別明確。巴菲特為機器籌措主要的資金，並列印出每月的財務報表等，而丹利則在機器出現故障時負責維修工作。

由於彈子球的生意非常好，為了防止被地痞流氓控制，巴菲特堅持在小的、離大路近的地方選址，同時，他和丹利還總是故意給人造成錯覺，暗示別人他們只不過是一個不可輕視的企業的跑腿人。

從此可以看出，巴菲特只是把賺錢當成一種樂趣，一種行動，而不像一般十幾歲的孩子，用金錢來滿足自己虛榮心和表現欲望。他是在做自己喜歡做的事情，也知道自己做的事情能給自己帶來什麼。

巴菲特在念書的時候有很大一部分時間是用來做生意了。他對自己未來的目標不僅僅是從商，而是專門地從事投資。像他這樣的年紀，別的男孩子只會關心報紙上的體育版，但他已經在研究股票圖表了，儼然成了這方面的專家，就連他的老師們都千方百計地想從他這裡挖出一點關於股票的知識和消息。

巴菲特在股市上從來沒有特別出色的成績，但人們卻都覺得他是一個內行，這並不僅僅是因為他早熟的原因，而是他本身有某種與生俱來的東西，他能把任何知識以合乎邏輯的方式表達出來。

其實，窮人有窮人的性格，富人有富人的性格。他們的不同主要展現在：窮人的性格一般都是軟弱，向來都是遵從和隨眾的，不喜歡與眾不同；而富人的性格卻是很叛逆的，他只服從自己的判斷和意識，喜歡打破常規，喜歡冒險和與眾不同。

人的性格是可以改變的，只是改變起來不容易罷了。改變一個人的性格，需要藉助外界的環境，特別是家庭環境、工作環境和社會環境。這些環境首先使人的意識發生改變，改變了的意識會選擇不同的心態，心態又決定不同的行為和特徵。

這些行為特徵又會變成一個人的習慣。習慣確定一個人的性格類型，性格又去決定命運。也就是說，習慣往往決定一個人是富有還是貧窮。

有一個故事：在天堂裡，上帝對富神說，你為什麼總讓富人越來越富有，而讓窮人越來越貧窮呢？富神對上帝說，富人有富人富有的習慣，窮人有窮人貧窮的習慣，神仙也改變不了的。上帝不相信富神的話，便和富神打了一個賭。

富神拿出一個金元寶，讓上帝判斷，有兩個人，一個是窮人，一個是富人，誰能得到這個金元寶。上帝說這要看你把金元寶放在什麼地方了。

富神說就把金元寶放在獨木橋的中央，讓窮人先從橋上過。富神把金元寶放在橋的中央，過橋人都能看得見的地方。

這時候，一個窮人推著小車從橋上經過，車上坐著窮人的老母親。老母親對窮人說：孩子，過橋要小心。窮人說我哪一天不過這座破橋啊，從來就沒有掉下去過。你放心，我閉著眼睛也能把你推過去。

窮人為了證明他的推車技術好，膽子大，還真的閉上眼睛推車過橋。最後車子被金元寶硌翻了，老母親和車子都掉到了河裡。窮人來不及看是什麼東西把車子弄翻了，跳到河裡去撈人和車。金元寶沒有給窮人帶來財富，而是帶來災難。

一個富人騎馬過來，由於擔心騎馬過橋危險，便下來拉著馬過橋，他也就撿到了金元寶。

上帝說這不公平，再來一次。這次富神在橋頭建了一個廁所，把金元寶放在廁所裡。

又一個窮人過來了，要在橋頭小解。上帝見此情況，就上去阻攔，說這樣做既不文明也不講衛生，不遠的地方就有廁所，你應該到廁所裡。

窮人看了上帝一眼，嘴裡罵了一句，你以為你是上帝啊？管天管地還管屙屎放屁啊！老子就在這裡小便，你能怎麼著？還能把老子的腦袋弄下去？於是他便在橋頭小解，也不怕過往行人看見。

一個富人過來了，也要小解，雖然橋邊一個人也沒有，他還是走進旁邊的廁所，結果在廁所裡撿到了金元寶。

上帝因此得出一個結論：除非把錢放在窮人的口袋裡，不然他們的很多生活方式和生活習慣已經註定他們和金錢無緣。富人則不然，他們的眼裡常常能看到窮人看不到的商機和危機。他們的生活習慣和生活方式已經決定他們能先知先覺。

從這個故事我們可以看出，除了中彩票和賭博以外，窮人和富人都不可能有意外之財。就算是有了意外之財，也是有一定的前因後果的。

富人的一生中總是養成了善於發現財富的習慣，也有著對財富非常敏感的嗅覺，所以在富人的眼裡，財富是無處不在的。財富在於發現而不是在於等待。但財富並不是誰想找到就能找到的，富人總是有自己發現財富的辦法。

窮人從小就有拒絕金錢的習慣，也不應該這麼說，他們很希望得到財富，但在二十歲之前甚至在三十歲之前，他們不知道財富怎麼來的，或者只知道財富是怎麼揮霍的。在他們眼裡，能揮霍財富的人，才是真正的富人，而不是那些累積賺錢能力和本事的人。

總之，什麼習慣都不是一天兩天養成的，有什麼樣的習慣就會造就什麼樣的人。

財富也不是任何人都能擁有的，它只屬於它應該屬於的人。能擁有財富的人，對財富總是有著強烈的擁有欲望，擁有良好的發現財富和控制財富的習慣，並且時時都在細心地尋找著財富，同時也經營著財富。

窮人妥協俗人的操縱
富人堅定自己的選擇

一九四七年，巴菲特畢業了，他的成績在三七四人的班級中排第十六位。畢業時的巴菲特已經分發了近六十萬份報紙，有了五千多美元的積蓄，並讀了不下一百本有關商業的書籍。

巴菲特認為他已無需再學什麼了，他認為去學校純粹是浪費時間、精力和青春。最後，他還是在父親霍華德面前妥協了，去附近的賓州大學沃頓商學院的財務和商業系念書。沃頓雖然名聲在外，有許多令人嚮往的專業，但這對巴菲特來說真的不合適，那些教授們似乎故意向人們賣弄著他們的學問，往往把一個很簡單的問題說得很複雜，然後再教學生用最麻煩的方法去解決，好讓學生知道知識是多麼地難以掌握。

巴菲特自己感覺比教授們要懂得多。他的教授有一套非常完美的理論，但卻對如何賺取利潤的實踐細節上相當無知，而巴菲特就想知道怎麼樣才能把世界上的財富放進自己的口袋。他覺得在如何投資賺錢方面，他的教授並不比他知道得多。

一九四九年，也就是入學的第二年，巴菲特離開了沃頓商學院，轉到了位於林肯市的內布拉斯加大學念書。在內布拉斯加，巴菲特在名義上是個學生，可實際上他已經開始發展自己的事業了。

他為自己訂下了一項非常艱巨的任務：在一九四九年秋季上五門課，一九五〇年春季上六門課，其中多數是商學和經濟學的課。可是他卻把大部分的精力全部放在了校外。

巴菲特先是找了一份送報紙的工作，為林肯雜誌監督六個鄉村的報童，報酬為每小時七十五美分。然後緊接著又在冬季著手操辦起了他的高爾夫球生意，並任命好友奧蘭斯為他在費城的代理人。

雖然巴菲特忙著賺錢，但是他的學習也沒有耽誤，他做作業的速度非常快，他三年來的成績一直很輕鬆地拿到Ａ。

到了一九五〇年七月，巴菲特搬回到父母身邊（霍華德於一九四八年在國會選舉中被擊敗，全家搬回了奧馬哈），並打算在奧馬哈修完三門學科，以便順利地得到畢業證書。

那時，他已經賣出了二二〇個高爾夫球，從中賺到了一二〇〇美元。把他賺的所有的錢加起來，他的積蓄已經達到了九八〇〇美元。

巴菲特申請進哈佛商學院繼續學習，但遭到拒絕，後又申請哥倫比亞大學，那裡的金融系也非常出色，有像葛拉漢和多德這樣世界大師級別的人物來教授股票的評價知識。

八月，巴菲特收到了哥倫比亞的入學通知，他有幸成為葛拉漢的學生，葛拉漢教會巴菲特用各種手段去探索股票市場中形形色色的可能性。葛拉漢的教學方法和其他的教授不一樣，很適合巴菲特，使他更深層次地認識了股票。

巴菲特在葛拉漢那裡學會了閱讀財務報表的每一個細節，以及怎麼樣才能找出裡面的舞弊行為。

更值得慶幸的是，他從葛拉漢那裡學到了，如何從一家公司的公開訊息中得到對其證券價值的客觀評論。

葛拉漢是當時最著名的股票投資人之一，巴菲特也想和他一樣，在股票投資上像他那樣有所作為。然而，在巴菲特畢業的時候，葛拉漢和他的父親都反對他進入股票界，因為他們都對美國的股票失去了信心，在那裡他們似乎無法看到一個年輕人的前途。

葛拉漢給巴菲特以忠告，他應該先在寶潔公司找一份工作。如果非要進入股票界，那麼現在也不是最好的時候，也許在第二次股票危機之後會更穩妥一些。

對大師的話，巴菲特也沒有言聽計從，他只想做他想做的事情，他也真的那麼做了，他想無償地給葛拉漢的公司工作。

巴菲特是葛拉漢大師從教二十二年以來，唯一在他那裡得到A+的學生，但是葛拉漢在巴菲特這個令人無法拒絕的條件下，依然拒絕了他。

即使老師毫不考慮地拒絕了巴菲特，他還是沒有去到華爾街找工作。他又回到了家裡，奧馬哈國際銀行給他一個工作，但是巴菲特依然拒絕了，他選擇了父親的交易部巴菲特—福爾克公司。

在常人看來，巴菲特所做的事情有點不可思議，但是後來成為世界大富豪的巴菲特說，他真的很慶幸沒有離開股票投資業，因為那時他有一萬美元，如果選擇給不熟悉的人工作的話，那麼到現在他的口袋也許還是一萬美元。

巴菲特在巴菲特—福爾克公司主要從事股票推銷工作。這個二十剛出頭的股票銷售商，工作方法和其他的股票銷售商不一樣，他似乎更喜歡研究股票。

的確，巴菲特對股票有著特殊的研究欲望和熱情，他像讀著故事情節特別生動曲折的小說一樣，或者像小孩對漫畫書著迷一樣，讀著在別人看來近似天書一樣的穆迪手冊，在裡面尋找和發現他需要的線索。

透過研究，巴菲特發現了一些相當便宜的股票，比如坎薩斯城市股票、傑納西峪谷天然氣股份和西部保險證券等股票，這些股票都有三倍的獲利空間。

別的股票銷售商都可能推銷大家都看好的股票，但是巴菲特卻與眾不同，他銷售的是一種很難出手的、鮮為人知的證券「GEICO」股票。

因為他看好「GEICO」，自己幾乎傾其所有，投資八千美元買「GEICO」股票，然後把這些股票賣給那些對他半信半疑的顧客。後來，這些股票在不到兩年的時間裡，就增值了整整兩倍。

儘管巴菲特對股票能做到深入的研究，所推銷的股票也沒有失手過，但是許多顧客不買他的帳，認為他還很年輕，太缺乏經驗，他的話不可全信。有時候顧客聽他說的有道理，也要回到自己經紀人那裡做一番諮詢，經紀人說買，他們才到巴菲特那裡購買。

做一個股票推銷商，他自己無論做得好或者不好，也只能從中拿到同樣的微薄的傭金，這使巴菲特很鬱悶。

巴菲特不喜歡勸人投資，特別是在自己發現肯定能賺錢的股票，再苦口婆心地勸別人去發財，而自己僅僅是獲得一點可憐的傭金。他討厭自己這麼做。

在巴菲特做推銷股票和其他投資的同時，他也沒有忘記自己的目標，那就是爭取在葛拉漢身邊工作的機會。

在自己工作的同時，也為葛拉漢設計出一些研究項目，還向他建議一些股票。

最後巴菲特的誠意還是改變了葛拉漢對他的看法，於是他打電話給巴菲特，說他願意給巴菲特一個項目來做。在葛拉漢手下工作，是巴菲特唯一的夢想。所以巴菲特在接到電話後，連自己此去工作的薪金是多少也沒問，買張機票就去了。實際上，葛拉漢給他的年薪是一萬二千美元。

那時巴菲特已經結婚了，儘管他在同齡人中是比較富有的，但他和自己的新婚妻子蘇茜卻住在每月租金只有六十五美元的公寓裡。

公寓實在是破敗不堪，晚上甚至有老鼠爬到他們的鞋子裡。他們有了女兒後，巴菲特也只是把梳粧檯的抽屜拿過來，在裡面鋪了一些東西，讓女兒躺在裡面。

巴菲特到葛拉漢的公司工作以後，那時他已經很富有了，但還是在郊區租了一套公寓。當他的兒子出生之後，依然是借了一張小床。

在巴菲特因為股票而成為世界大富豪的時候，幾乎世界上所有的人都承認了，巴菲特就是股票投資行業的天才。他富有，那是因為他就是賺錢的天才。

我們都知道，被我們譽為天才的人，都成了富人，不僅僅身價百萬，而且都有一定的社會地位。很多人也就接受自己貧窮而別人發財致富的原因，那就是發財的人是天才而自己不是，就這麼簡單。別人成為富人應該是理直氣壯，自己成為窮人也是理所當然。

其實，窮人永遠也不會明白，自己曾經也是在某一方面的天才，只是自己被別人操縱了也甘心被別人操縱了，最後變得自己如果不被別人操縱，自己真的就有點找不到要走的路。在這種情況下，天才也只能平庸平凡了，也就老老實實地做一輩子窮人，過一輩子苦日子了。

任何社會在發展過程中，總會形成一定的生活方式和生存方法，這些方式和方法也會不斷地被人一成不變地傳承下去，甚至都不能有所改變。

前人對生存和生活的認識，這些認識不論是對的還是錯誤的，是進步的、文明的還是落後的、愚昧的，既然已經被人們接受和認可，並且形成一種意識形態，就會在每一個人的心目中形成一種藩籬，左右一個人的思想和行動。

任何生活方式和生存方法，都會有其過時和落後的時候，因為時代和科技是不斷向前發展的。過時的生活方式和落後的生存方法只能讓人更加貧窮和愚昧，為了適應時代和發展的潮流，終究會產生新的意識形態和新的生存觀念。

新的觀念與意識形態在萌發之初，應該是相當弱小的，並且沒有被實踐所證明是正確的，所以一時間難以讓大多數人接受和認可。新的觀念和新的意識形態和舊有的生活方式和生存方法相差甚遠或者格格不入。

天才都有一些超越常人的生存意識形態及生活理念。他們往往具有鮮明的個性，強烈的反叛性和挑戰性，有著自己對社會對時代對財富獨到的見解和認識，對世俗的理念不會輕而易舉地投降與妥協。因為他們認為自己是正確的，事實上也是正確的、先進的。他們會執著地追求並且按照自己的思維方式行事。

天才會貶抑及毀滅舊有的觀念和意識，他們就會與人們已經接受和認可的東西發生衝突。天才的行為一旦與眾不同，或者讓人難以接受，或者侵犯了世俗的利益，在尚未證實其正確與否及價值大小之前，便會遭到暴力的懲罰和剿殺。人們經常把天才的行為與犯罪行為、妄想及墮落聯繫在一起，對其進行口誅筆伐，群起而攻之。

假如甲乙兩個人小時候都是賺錢的天才，都有自己獨到的生活方式和對賺錢方法的理解，而且如果按照他們對財富的追求方式堅持下去，將來都是富可敵國的大富翁。

甲按照自己的思維方式去做的時候，馬上就遭到了周圍的人，甚至包括他的親朋好友的反對。因為在他們看來，甲的為人處世有悖常理，是在玩火自焚，是不為自己負責也不為大家負責的選擇，是不能為天下所有人所接受的。

接下來就是對甲進行苦口婆心的規勸，講今比古地擺事實講道理，動之以情曉之以理。如果實在不成，那麼就對他實行冷處理，大家孤立他，不給他提供任何幫助。

大家這樣做，動機可能不一樣，但目的是一樣的，都希望甲中規中矩地活著，不要搞另類的生存生活模式，應該和大家一樣，走大家都在走的路。那樣雖然波瀾不驚，但也沒什麼風險，即使失敗了也不會有人對你說三道四的。

社會上的所有的人，包括天才的至親至近的人，對甲的行為一點也不容，甚至是激烈地反對，這就有可能讓甲對自己的認識有所懷疑，對自己所做的一切失去信心。因為甲是在走一條誰也沒走過的路，或者以前無古人的方式去開拓一種新的生存方式，沒有什麼東西能證明他的選擇是對還是錯，也就無法知道他的結果是失敗還是成功。

在這種情況下，甲因為不知道自己選擇的結果如何，再加上很多人的排斥，他是備感孤獨和無助的，他會感到無比的壓抑和無奈，彷彿全世界的人都是對的，惟有自己是錯的，自己在走一條不歸之路。

在這種情況之下，甲放棄了自己的追求，放棄了自己的選擇，以大家都認可的方式去生活、去生存，那麼他也就和芸芸眾生沒什麼區別了，也不會是什麼天才了，從此他也開始平凡平庸了。

也許大家都是一些窮人，都以窮人的理念去面對生活。窮人能接受中庸、克制、含蓄、忍讓，也就導致了窮人的性格老誠溫厚、遇事忍耐、消極避世、和平主義、知足常樂、因循守舊。

這樣的為人處世之道，只能讓人遵循一些即定的東西走著多少人都在走著的路，也就是重複很多人的生活。這樣的生活方式和生存方法，即使成不了窮人，但絕對不可能成為一個富人。

甲接受了大眾給他的生存模式，同時也就放棄了成為一個富人的道路，也扼殺了一個成為富人的天才。

乙不會因為大家不認可而放棄屬於自己的東西，他走自己認為對的路，能頂住壓力，耐住寂寞。**他知道，在這個世界上沒有任何一個人可以比自己更瞭解自己，自己想幹什麼能幹什麼，只有自己清楚。任何人都可以說你做得對與不對，但如果你按照他們的話去做，他們卻不能為你的結果負責。**

別人可以不理解自己，因為自己就是在做世界上從來就沒有人做過的事情，別人不是天才，根本就不可能明白天才要做的事情。自己的想法是因為時代的需要而產生的，自己已經摸準了時代的脈搏，是來引領時代的潮流，而不是被動地跟著時代潮流疲於奔命。

乙這樣做，就不會自己扼殺自己的天才。他的執著，他的才氣都會得到充分的展現，那麼他的野心和抱負就能實現，這樣，他已經是一個富人了。

從這裡可以看出，為什麼這個世界富人少而窮人多了。

窮人用別人判斷證明自己是對的
富人用最後結果證明自己是對的

葛拉漢的葛拉漢—紐曼公司坐落在四十二大街的查尼大樓。它是一項共同基金，公司主要根據一些選擇的技巧來買進一些股票，做短期或長期的投資。

葛拉漢是當時最著名的投資人之一，他的公司有六個職員，巴菲特就是其中的一員。巴菲特來這裡工作，可以說目的不是葛拉漢給他的薪金，而是來學習和掌握葛拉漢對股票獨到的認知能力和詮釋能力。

巴菲特在這裡主要的工作就是幫助葛拉漢尋找極便宜又有很大增值空間的股票，然後送給他，他就決定買或者不買。

為了能學到葛拉漢的東西，巴菲特幾乎讀遍葛拉漢所有的著作，而且做了深刻的研究，但是他又不迷信葛拉漢，他相信自己的調查和判斷。

有一次，一個費城的經濟商給巴菲特介紹一種家庭保護公司的股票，這是一支一點名氣都沒有的股票，連做股票投資的人都很少知道，開價每股十五美元。

這個股票沒什麼公開的資料，不能對其進行估價，但是巴菲特也沒有就此放棄。他找到了哈里斯堡的州保險辦公室，收集到了一些資料。

根據資料分析，巴菲特判斷這支股票如果十五元，真的是相當便宜了，而且增值的空間是很大很大的。他向公司建議購買一些，但葛拉漢的合夥人不看好這個股票，也不聽巴菲特的分析。

自己看準的事情，不論別人怎麼看，自己是一定要做的。他就用自己的戶頭買了一些，一段時間以後，這個股票就從每股十五美元升到了每股三七〇美元，翻了二十四倍多。

還有一次，巴菲特發現位於麻塞諸塞的新貝德福德聯合鐵道股票正以四十五美元的價位交易，而每股單算現金值就能達到一二〇美元。

巴菲特建議葛拉漢馬上購買這個股票，但這位受巴菲特十分景仰的股票投資大師並沒有看好。但巴菲特還是自己買進了一些，並從中獲了利。

雖然巴菲特是做股票投資生意的，但他並不死板教條，因為他知道做股票投資的目的就是為了賺錢，只要賺到錢，那麼就不要拘泥於把股票怎麼做了。

一九五四年，一家地處布魯克林市名為羅克·伍德，以生產巧克力為主的公司宣布，他們要用可可豆回購他們公司的股票，因為他們的庫房裡存有大量的可可豆。

巴菲特透過自己的調查得知，現在市場上的可可豆價格很高，而那家公司的股票價格又很便宜。於是巴菲特就用股票去那家公司換可可豆，再把可可豆運到市場上銷售，然後再買股票再去換可可豆，從中賺取巨大的利潤。

巴菲特是不放過任何一個可以賺錢的機會的。在好多個星期，他都忙著買股票，賣豆子，這在股票經紀人看來幾乎是一個笑話，但巴菲特就是在別人看似笑話的當中，賺到了大量的美金。

巴菲特雖然是葛拉漢的學生，但是在事實上，巴菲特對金錢的嗅覺要比他的尊師要靈敏得多，在動作上也比他的尊師更快。所以，巴菲特在進公司僅僅一年的時間裡，就取得了很大的成功。

巴菲特雖然受到葛拉漢的器重，但巴菲特仍然感到在這裡並沒有達到他預期的那樣。因為他可以使用的資金很有限，只能看著巨大的利潤白白地付之東流。

葛拉漢不像一個真正的股票生意人，更像一個專家學者，他對金錢不怎麼感興趣，他樂於堅持他的數學原則，盲目地信任公司的管理能力，而反對到公司進行實地調查，而且對投資的態度也相對保守一些。巴菲特感興趣和追求的是，究竟是什麼使得一家企業比另一家更成功，他要親自到公司去看一看，尋找自己要的答案。由於兩個人對一個股票的意見很難一致，做起事來就不大統一。

巴菲特一邊為公司工作，一邊不聲不響地做著自己的投資，他的投資也給他以豐厚的回報。從他大學畢業到現在，他的個人資產由原來的九八〇〇美元激增到十四萬美元。巴菲特已經擁有了股票投資的資本了。

一九五六年春天，巴菲特又回到了自己的家鄉奧馬哈，他把自己的家人和朋友共七人組織到一起，成立了屬於巴菲特自己的股份公司——巴菲特有限公司。巴菲特作為公司的總合夥人，在公司裡投資一百美元。

巴菲特對自己的公司前景是相當自信和樂觀的，但是如果他要想把自己的公司做大，那麼就必須有足夠的資金給他運作，才能讓他賺取更大的利潤。也就是說，若沒有足夠的資金，他在股票投資上的天賦就無法展現。他現在急需更多的資本。

在當時來說，巴菲特並不是很出名的股票經紀人，他的業績也只是中等水準，也就是說，他沒有任何資本能讓更多的人把自己的資金放心地讓他去支配。

儘管巴菲特很需要資金，但他更想堅持他的原則。他不僅僅要求能自由運作客戶的資金，還想絕對地控制它。他不希望任何人干涉或者過問他在股票上的決策。

如果在巴菲特成為世界第一大富豪之後，沒有人會對他這樣的決定產生懷疑，但是那時他並不是世界第一大富豪，而是剛出道的股票經紀人。

但是巴菲特並沒有因為自己缺少資本而放棄自己的原則，他知道自己的原則遠比資本更重要。他認為真實的結果會比虛偽的承諾更有說服力，他也相信會有人把更多的資本讓他按照他的方式去運作。

巴菲特對他要做的事情從來就是無比地投入，更包括讓他從小就著迷的股票。透過他對所有股票的研究和調查，已經對現有的股票和債券都能做到瞭若指掌，把每一份財務報告和穆迪的書都能熟記於心，整個股票投資市場就像他對自己的臥室那樣熟悉和瞭解。他相信沒有人會比他更瞭解股票市場，事實也是這樣。

結果就像巴菲特預料的那樣，會有人把資金放心地交給他運作。

在葛拉漢的公司中，有一個投資者叫霍默・道奇，他是葛拉漢的崇拜者和追隨者，他問葛拉漢，誰是你的接班人？

儘管葛拉漢與巴菲特在股票投資上有著分歧，但葛拉漢依然把巴菲特當作是他最優秀的學生，所以他暗示道奇，巴菲特就是繼他之後的最優秀的股票投資人。

道奇後來遇到了巴菲特，兩個人簡單地聊幾句之後，道奇就答應投入十二萬美元到巴菲特的公司。

一九五七年的夏天，奧馬哈著名的泌尿科醫生愛德溫・大衛思找到巴菲特，他雖然和巴菲特並不熟悉，但他聽別人說巴菲特正在籌集資金，就半信半疑地打了電話給巴菲特，想見巴菲特。

大衛思把自己信任的親朋好友都召集到他家，讓大家對巴菲特做個評價。這對急需資金的巴菲特是一個絕好的機會。如果大衛思能把資金投入到他的公司，就是對他的一種肯定，而且就會有更多的人投資到他的公司。

巴菲特到了大衛思的家裡，並沒有像其他需要別人投資的人一樣，把自己的公司和自己吹得天花亂墜，而是強調他如果得到了大衛思的資金，他不會讓投資人知道資金的去向，除了給投資人一個年度成果總結之外，什麼都沒有。

巴菲特給大衛思的條件是，如果大衛思願意把自己的資金投到他們的公司，那麼也就是他公司的合夥人了，可以得到他賺得利潤中不高於四%的所有部分。其餘的利潤由兩人分成，巴菲特占二五%，大衛思占七五%。

巴菲特這麼做，就是讓大衛思明白，他不會胡亂地使用公司的資金，因為他自己的資金也在裡面。如果他的業績平平或者賠了錢，他就會什麼也得不到，因為這裡面沒有他的薪水、代理費。

巴菲特就是巴菲特，絕對與眾不同，他讓他的投資人最不放心也最放心。誰都知道，現在的巴菲特最需要資金，但他只想以自己的方式獲得資金，他把自己的方式看得比他需要的資金更重要，因為他知道，只有自己的投資方式存在，才會讓投資人獲得最大的利益。最後，大衛思決定投資十萬美元到巴菲特的公司。

巴菲特自己經營公司的第一年，以他自己的賺錢理念和賺錢方式，使公司在道瓊工業指數下跌八%的背景之下，他的投資組合獲利一〇%。

第二年，他的企業獲利達到四一%。到了第三年末，巴菲特公司的原始資金就已經翻了一倍。第五年，他的投資組合就翻了兩倍半。

有著成為大富豪野心，三十歲就想擁有一〇〇萬美金的巴菲特，沒有從奧馬哈最高的建築物上跳下去，那是因為巴菲特依靠自己一〇〇美元的投資，一〇五〇〇〇美元合夥起家的公司，在他三十二歲的時候，就達到了擁有七二〇萬美元的資本。而他的個人資產，也達到了一〇〇萬。而現在，他又以一六六億美元的個人資產，證明他的野心是能實現的。

一六六億，絕對不是巴菲特的目標。賺錢，不是巴菲特的目的，而是他的興趣，他的快樂。到這裡，筆者不由得要說，窮人的貧窮不是一種偶然，富人的富有就是一種必然。

窮人不但不敢想，也不願意去想，因為他們覺得想什麼都是空想，既然想了也白想，那麼就不去想。連想都不去想，那麼就不可能去做。

窮人不敢想，不願意想，但他們絕對敢信，幾乎到了除了自己以外什麼都信的地步。他們信書、信前人留下的忠告、信別人的成功模式、信別人的生存之道、信別人的生活方式，最後信天，信命。

過多地相信別人，就會迷信別人，追隨別人，模仿別人，那麼也就永遠走在別人的後面，永遠不會擁有屬於自己的東西。

世界上任何一個人，不論他怎樣地偉大，怎樣地受人崇拜，都有他的局限性，他只能影響和主宰他所在的時代，而不可能去主宰飛速向前發展的另一個時代。

窮人就是過於相信別人的生存模式，也就不知道除此之外自己還有其他的生存模式。但是，人的性格、心態、知識、見識、本事都是不一樣的，甚至所在的背景、環境都是不一樣的。所以，一種生存模式，能適合一個人，未必能適合另一個人。

窮人因為不想，所以就找不到一條適合自己的路。也因為不敢懷有野心和目標，更是無所適從。這樣，只能學別人的樣子，做別人做過的事。學別人，而不研究，就不能發現其局限性，也只能學個皮毛而學不到精髓。

窮人因為迷信，所以盲從，結果就是別人做成的事情自己做不了，別人不敢做的事情，自己也不去做，導致自己一生都不會有新的發展、新的突破，只能按部就班地過著自己不想過的日子，做著自己不得不做的事情。

窮人窮在沒有屬於自己做人做事的原則，做什麼事情總是先看看別人做了沒有，別人是怎麼做的，而不相信自己能比別人做得更好更成功。永遠沒有千里走單騎的果敢和勇氣，而是抱著我錯大家錯，我窮大家窮的窮人心理。

富人絕對是敢想的，想別人不敢想。在想的過程中，富人是不願受任何權威左右的，他更願相信自己的理解和判斷。

當然，這不是一種盲目的自信，而是建立在更尊重事實的基礎之上的。

富人對自己的追求，對自己做的事情，都會認真考慮，詳加研究總結，不惟上，不惟書，不受任何戒律的限制，敢於懷疑，敢於實踐。

富人只知道尊重事實，實事求是。

正因為如此，富人看準了的事情，做起來從不猶豫，準能在最佳的時刻做最佳的出擊，所以也就會取得最佳的效果。這在窮人看來似乎永遠也做不到，把富人這些都歸結於運氣，機會甚至是命，他們永遠也不知道也不可能明白，在此之前，富人已經做了多少常人無法想像的大量工作。

富人總是喜歡用自己的方式去做事，這種方式可能很不符合常理，看起來也不可思議，甚至會遭到別人的譏諷和反對，但富人不會因為別人不認可而放棄自己的做法，因為富人知道自己沒有錯。如果自己用窮人常用的思維去思考，用窮人常用的方法去做事，那麼自己也就無法實現一個富人的追求。

富人喜歡用結果證明自己是對的，他知道，要想有正確的結果，那必須有正確的過程。在開始和過程之中，自己都要扮演正確的角色，認真踏實地走好每一步，他不會因目的而改變過程，決不改變，否則自己就不可能是富人。

真正的富人明白，如果自己因為目的的需要而改變過程，那麼結果就隨之而改變，不會有自己想得到的結果。他堅信結果能證明一切，那比什麼都重要。

從巴菲特三十歲之前我們就可以看出，他一直堅持自己的東西。在他堅持的過程中，他那成為大富豪的野心產生了決定性的作用。

野心也好，目標也罷，作為現在的人，的確是應該具備的，而且不管在什麼境遇之下，都能始終如一，絕不動搖，那麼我們就會使自己腳踏實地朝著目標去努力，而不受任何外界的因素干擾。

不論什麼時候，都要使自己保持清醒的頭腦，敢於懷疑，敢於突破，用屬於自己的方式去實現屬於自己的目標，那麼你要不就已經是一個富人，要不就走在成為富人的路上。

成功講座 372

窮人與富人的距離0.05mm

海鴿文化出版圖書有限公司
Seadove Publishing Company Ltd.

作者　張禮文
美術構成　騾賴耙工作室
封面設計　斐類設計工作室
發行人　羅清維
企劃執行　張緯倫、林義傑
責任行政　陳淑貞

出版　海鴿文化出版圖書有限公司
出版登記　行政院新聞局局版北市業字第780號
發行部　台北市信義區林口街54-4號1樓
電話　02-27273008
傳真　02-27270603
E-mail　seadove.book@msa.hinet.net

總經銷　創智文化有限公司
住址　新北市土城區忠承路89號6樓
電話　02-22683489
傳真　02-22696560
網址　www.booknews.com.tw

香港總經銷　和平圖書有限公司
住址　香港柴灣嘉業街12號百樂門大廈17樓
電話　（852）2804-6687
傳真　（852）2804-6409

CVS總代理　美璟文化有限公司
電話　02-2723-9968
E-mail　net@uth.com.tw

出版日期　2005年09月01日　一版一刷
　　　　　2022年06月20日　四版五刷
定價　320元
郵政劃撥　18989626　戶名：海鴿文化出版圖書有限公司

國家圖書館出版品預行編目（CIP）資料

窮人與富人的距離0.05mm ／ 張禮文作.
-- 四版. -- 臺北市 ： 海鴿文化，2021.07
面 ； 公分. --（成功講座；372）
ISBN 978-986-392-384-8（平裝）

1. 成功法

177.2　　110009213

Seadove

Seadove

Seadove